对外汉语教学语篇语法

田然 著

北京语言大学出版社
BEIJING LANGUAGE AND CULTURE
UNIVERSITY PRESS

图书在版编目（CIP）数据

对外汉语教学语篇语法 / 田然著. — 北京：北京语言大学出版社，2013.9（2014.4重印）

ISBN 978-7-5619-3509-5

Ⅰ. ①对… Ⅱ. ①田… Ⅲ. ①汉语–语法–对外汉语教学–教学研究 Ⅳ. ①195.3

中国版本图书馆 CIP 数据核字（2013）第 220322 号

书　　名：对外汉语教学语篇语法
DUIWAI HANYU JIAOXUE YUPIAN YUFA
责任印制：姜正周

出版发行：北京语言大学出版社
社　　址：北京市海淀区学院路 15 号　　邮政编码：100083
网　　址：www.blcup.com
电　　话：发行部　010-82303650 / 3591 / 3651
编辑部　010-82303647 / 3592 / 3395
读者服务部　010-82303653 / 3908
网上订购电话　010-82303080
客户服务信箱　service@blcup.com
印　　刷：北京京华虎彩印刷有限公司
经　　销：全国新华书店

版　　次：2013 年 9 月第 1 版　　2014 年 4 月第 2 次印刷
开　　本：787 毫米 ×1092 毫米　1/16　　印张：16.5
字　　数：203 千字
书　　号：ISBN 978-7-5619-3509-5 / H·13083
定　　价：45.00 元

本研究得到教育部 2011

人文社科规划基金项目的资助

（项目编号：11YJA740082 ）

赵金铭序

大约二十年前，我在北京语言大学汉语速成学院工作时，耳闻田然老师的课上得很有特色。我便慕名去听了一次课。课型为留学生中级阶段汉语综合课。我印象较深的是课上老师很注意学生的成段表达，注意句子与句子之间的逻辑衔接关系。没过多久，我就读到田然发表在《汉语学习》（1997 年第 6 期）上的《外国留学生在中高级阶段口语语段表达现象分析》一文，文中她将自己教学中发现的问题，从语篇视角予以分析，让人耳目一新，给人以启发。

人们常说，兴趣是研究的起点。田然对句群与语段教学十分用心，由此激发并确立了自己的研究旨趣。此后学而不辍，刻苦精进，努力钻研，不断积累。十几年来，已陆续发表相关论文二十余篇。最近，一本厚重的《对外汉语教学语篇语法》又将问世，在付梓之前，我披阅之余，多有感触。

提到语篇或篇章，我们自然会联想到中国自古就有所谓文章学。汉刘勰《文心雕龙•章句篇》就有关于“字、句、章、篇”的阐述。传统诗文作法所讲的“起、承、转、合”，就是文章的大体结构，起、承、转、合四部分互相关联，统摄篇章的主题，其实就是篇章的功能成分。又有所谓之篇章结构讲究“凤头、猪肚、豹尾”，说的是“起要美丽、中要浩荡、结要响亮”，要以言行事。质言之，就是讲如何作文章，可看作传统的篇章语言学。

在语法学界，早期有所谓“句本位”研究，将句子作为语法研究的最高单位。随着研究的深入，人们逐渐认识到，即使每个句子都符合语法，由这些句子组成的更大的语言单位，也不一定合法。于是人们将眼光转向比句子更高的语言单位，研究句子与句子相互组合时需要遵循的相关规则，这就是句群研究。不过，句群只是从句子到篇章的过渡，篇章学研究才是最终目的。篇章语言学，又称话语语言学，这一术语，是 1967 年由当时联邦德国语言学家瓦恩里希（H. Weinreich）提出的，是以连贯性话语为研究对象的语言学学科。而其中的篇章语法学，主要研究句子与句子之间、段落与段落之间的形式接应问题。

近二十年以来，汉语篇章语法研究逐渐热络起来，早期的语篇研究，多着重于语篇的组合，即衔接与连贯。所谓衔接，指组合的方式与手段；所谓连贯，多指前后语句意义上的联系。廖秋忠、陈平、徐赳赳、方梅等由衔接、连贯研究，进入到指称、预指、回指的研究，多有建树。汉语篇章语法研究逐渐成为篇章语言学中一个门类。

读者一定会注意到，田然《对外汉语教学语篇语法》使用的是“语篇”，为什么用“语篇”？书中明确指出“称其语篇，意指大于句子的、跨越小句的超句组合。可为段落，也可为对话，可为书面语，也可为口语”。可见本书语篇概念所指较为宽泛。这主要是作者要解决对外汉语教学中外国人在语篇学习中遇到的问题，以期纠正外国人语篇学习中的偏误。

语言教学中出现的偏误，一直被看作是观察第二语言学习者认知心理过程的一个窗口。在对外汉语教学界，对学习者偏误的分析，往往将其置于孤立的句子之中，只注重句法偏误而忽视了语篇和语境的偏误。我们常常发现，学习者单句表达正确无误，当把这些句子组合成句群或篇章时，却会觉得有什么地方不对劲，出现母语者难以出现的偏误。例如本书中所举的留学生的语篇偏误：

*长城有很多历史。长城是秦朝开始修建的。长城很大。我觉得好像一条龙。我参观长城的时候，很高兴。那天天气很好。所以长城的风景也很漂亮。我在长城照了很多照片。我回家以后，把长城的照片送给父亲母亲、朋友们。除了长城以外，北京有很多名胜古迹。（留学生作业）

如果观察每个单句，也许无甚大错，然而整体叙述中，母语者会觉得“长城”出现次数太多，这正反映了学习者不知道可以使用省略、预指、回指等方式，语篇中出现NP（长城）泛化。过去，对这种语篇语法，对外汉语教学界是关注不够的。一般教师都不善于纠正这种偏误，往往忽略而过。我国最早从事对外汉语教学的前辈学者赵淑华教授曾说：“对语段本体及其教学的研究，在对外汉语教学领域内还是比较薄弱的。所以在一定程度上说，这是高级阶段教学工作中的‘瓶颈问题’，影响着对外汉语教学水平的提高。”（《汉语教学参考语法》序，北京大学出版社，2005）我们也观察到很多讲对外汉语教学语法的书，大多讲到复句为止，只有个别的著作涉及语段，尚未论及篇章。

正是基于这种现状，田然这本《对外汉语教学语篇语法》从中高级阶段外国人的语篇偏误实例出发，与汉语本体语篇语法进行对比，在描写与分析的基础上，进行一些解释，并探究外国人语篇偏误产生的原因。本书的研究主旨有自己的特色，并不着重于一般语篇研究中句子的衔接与连贯研究，也没有从指称、回指的视角进行观察，而是从语篇语法的角度，在具体语境中，研究词语的组织方式，研究小句与小句之间的组织关系，研究语篇对小句内部句法结构的影响，研究句法形式如何受到语篇的制约，研究不同结构的功能实现的不同目的等内容。

书中从语篇中词语的组织法和语篇中的句法表现研究两大部分展开，前者主要讲在语境中的词语衔接、词语衔接难度，特别是展示了不同国别学习者的词语衔接偏误；后者讲省略、语篇对语法项目和句式使用的制约及其制约因素。由此不难看出，作者完全从对外汉语教学角度引进问题的研究，从而提出“对外汉语教学语篇语法”的概念，阐释其理论基础，构建其基本研究框架。书中全面、详尽地介绍了国内外语篇研究的成果，特别注重语篇语法研究的进展，深感有必要建立对外汉语教学中的语篇语法，以提高外国留学生的汉语水平。此举虽为尝试性的工作，却是首开先河，具有一定的开拓精神。

田然老师从事对外汉语教学工作二十年来，一直在教学第一线，而且主要教的是中、高级汉语课程。在长期教学实践中，她观察到，这些已经跨越基础汉语学习阶段的学生，其中介语现象的表现，大多不再是基本语法问题，而更多的是词语运用、语言得体性以及语篇结构方面的偏误。于是，紧紧抓住这个问题，广泛参阅国内外的有关文献，大量搜集留学生的中介语资料，勤于思考，笔耕不辍，日积月累，逐渐形成个人的研究方向，研究成果也渐为人所知，产生影响。

现代科学分工日趋细密，就以第二语言教学学科来说，作为第二语言的语言本体，教学理论、第二语言习得、语言教学法、语言测试等，均成为语言教学学科的各自分支。一个从事语言实践教学的汉语教师，在承担繁重教学任务的情况下，不可能面面俱到、全面掌握、样样精通，但还是应该做到“博”，即大致了解、备于我心。更重要的是要能“约”，即在某一方面引起研究兴趣，多加关注、倍加用心，广搜材料，寻求理论依据，有所得时，下笔成文，反复推敲，如琢如磨，以成佳作。一个从事汉语作为第二语言教学的教师，既要能“博”，更应能“约”，“博”“约”结合，向“约”发展，总能成事。

田然老师在“博”的基础上，守住自己的研究方向，始终如一，已迈出一步，望大步前行，坚持不懈，永不停歇。

读过《对外汉语教学语篇语法》，长了见识，我觉得这是一本对对外汉语教师有用的书，特别是从事中高级汉语教学的教师，在如何把握语篇教学、了解学习者的中介语语篇形式，并寻求纠正语篇偏误的正确方法等方面一定会从中得到启示。

赵金铭

2013 年 3 月 16 日于北京

前 言

目前，无论在初级还是中高级的对外汉语语法教学中，基本是遵循以句子，尤其是以单句为单位的教学，较少扩大到超句体、扩大到语篇单位。这样，到外国留学生的中高级阶段，作为教师的笔者便常遇到学生“单句正确而语篇不连贯”这一普遍性问题，这也制约着学生成段表达与写作水平的提升，出现了学习中的“高原现象”。

困惑于此，笔者遂埋头钻研，从国外语篇研究关注到国内外语界语篇研究，再到汉语本体语篇研究，最后走到对外汉语语篇研究，这一钻便近二十年，其间，笔者共发表语篇方向的论文近二十篇，尤其在获得教育部人文社科项目“对外汉语语篇语法框架构建与研究”(项目编号 11YJA740082)的支持后，更坚定了在语篇语法领域耕耘的信心。

本书不仅梳理了笔者的语篇研究，更汇集了国内外语篇研究中的最新成果，尤其是对外汉语教学界的语篇研究新动向、新观察。全书首先对国外语篇语法、国内外语界语篇语法、汉语本体语篇语法进行了综述，进而从学理及应用层面第一次提出了“对外汉语教学语篇语法”这一新概念。并论述了其理论基础，对主体内容与研究框架进行了构建与挖掘，包括“语篇中的词语组织法”、“语篇对句法项目的制约”、“语篇对句式使用的制约”等内容，同时对语篇的制约机制做了汇总分析。本书为一部对外汉语教学视角的语篇语法著作，附录论文《对外汉语语篇语法：理念与框架构建》与本书密切相关，故附于全书最后供参阅。

对外汉语教学事业迅猛发展，然而在语篇语法领域研究依旧不足，本书能多少弥补这一空白、对学科建设以及教学实际提供学理及应用层面的一些价值，令身处行业内的笔者实感欣慰。可正由于之前尚未有完整的、从对外汉语教学角度论及语篇语法的著作，故本书具投石探路、劈径探荒之意，望能曲径通幽，别有洞天。不妥失误，恳请赐教为盼。

田然

2013 年 1 月 3 日

目　录

第一章

语篇语法研究概说

1.1 语篇研究

语篇研究是二十世纪中后期、特别是最近几十年语言学领域中非常活跃的一个阵地。人们在经过从字到词语、到词组、到句法的探索之后，视野逐步扩大到了句群、语段、语篇等范畴。这既和传统的修辞学、文体学（stylistics）传统相关，又与近年语言本体和应用研究密不可分。

语言本体研究是要找寻语言构建的组织规律。目前我们研究较多的一种就是以句子作为观察对象，也可叫作"句子语言学"（sentence linguistics），属于句子内部的语言研究。还有一种是跨越句子的，它以句子语言学研究成果为基础，以超句结构为研究对象，这便构成了"语篇语言学"（text linguistics）。

句子研究与语篇研究从研究对象上看，主要区别是：句子研究主要以句法结构完整的单一句子为研究对象，它时常是静态的，与语境关联不大；语篇研究是以一连串意义相关的小句为研究对象，句法结构未必齐全但读者可以心领神会，它经常是处于具体语境中的。如：

（1）搬出特护病房家属就得上阵了。张向东的儿女多，（ ）不愁没人照顾，（ ）甚至都抢着在医院里值班。（蒋子龙《冬绮之奇》）

（2）她在苏州有一个儿子叫马太伯，（ ）书读得很多，（ ）钱拿得很少，（ ）每天还要喝两杯茶，（ ）抽一包烟，但你也不能说他穷。（陆文夫《享福》）

在句子语言学中，我们会从主语宾语、存现非存现、动词配价等诸多角度研究下面这样句法完整的句子：

（3）他的儿女们抢着在医院里值班。

（4）她在苏州有一个儿子叫马太伯。

这两例与例 1、例 2 不同。例 1“不愁没人照顾”前面没有明确的主语，谁不愁呢？后面“甚至都抢着在医院里值班”也没有施事主语，但由于这些小句处于一意义连贯完整的话题链（topic chain）中，读者依旧可以找回不完整的、省略掉的施事部分，不愁的是前一句定语位的“张向东”，抢着值班的是跨越了“不愁没人照顾”小句之前的“儿女们”。

例 2 中“书读得很多，钱拿得很少”的是谁，小句句法并不完整，同时也没有延续第一小句的主语“她”，而是变成了“她的儿子马太伯”。但这些丝毫不会影响到读者的理解，因为有语境，有意义相关的小句链。

像例 1、例 2 存在着多个句法不能自足的小句，我们的研究范围跨越了这些小句，回指要到前面小句中去寻找才能找到。也就是说小句之间正因为句法的不自足而形成了紧密的“关系链”，从而构筑起了严密的语篇段落，这些便属于“语篇语言学”的研究范畴了。

语篇的定义在国际上一直没有十分统一，使用的是 text 和 discourse。国内学者介绍时，有人译成“语篇”，也有“话语分析”，也有学者受我国古代篇章影响，译成“篇章”。在本文中，为后续研究的统一，将这些概念合为一个，称其“语篇”，意指大于句子的、跨越小句的超句组合。可为段落，也可为对话；可为书面，也可为口语（后面小节会有具体的定义说明）。

在解决了概念提法后，下面我们便简要回顾一下国外的、国内本体的、对外汉语的语篇研究。

1.1.1 国外语篇研究

为了更清晰地了解语篇发展概要，我们在此以人物为主线，介绍一下语篇研究中的几位代表学者及其主要研究内容。

1.1.1.1 弗斯（John Rupert Firth）

生平

弗斯生于1890年，年轻时在利兹大学读历史，1913年获硕士学位。1920～1928年在印度旁遮普大学任英语教授。1928～1938年，在伦敦大学语音学系任高级讲师。1937年到印度研究古吉拉特语和泰卢固语15个月。1940年回伦敦大学后任特级讲师。1941年任语音学系主任。1944年伦敦大学首次设普通语言学讲座，他是第一任教授，直至1956年退休。

20世纪40～60年代，弗斯是英国语言学界的中心人物，伦敦学派的创始人。但是使他和伦敦学派声誉鹊起的是他的后继者韩礼德等人。

主要观点及著作

弗斯在语言学上有两项独特见解：一是根据言语背景和上下文来寻求意义，二是用一套新方法来描写语言节律。他坚持谈语言不能不谈文化，分析语言不能撇开意义。他的创见主要发表在一些论文中，后来编成《1934 ~ 1951 年论文集》和《1952 ~ 1959 年论文集》。

与美国结构主义学派相反，弗斯特别强调意义在语言研究中的重要性。认为语言的意义来自“情境的衬托”。一种来自语言之外，即言语活动的环境，包括时间、地点、背景、说话人与听话人的关系等等；另一种来自语言之内，即言语的上下文。

不过他所谓的“意义”有其特殊内涵，包括词汇意义、语法意义和音系意义。“词汇意义”是言语所指的客观事物；“语法意义”是一个结构（词、词组或子句）与另一个结构之间的语法关系；“音系意义”则是一个音与一些别的音之间的关系。

1.1.1.2 韩礼德（M. A. K. Halliday）

当今世界影响最大的两个语言学派是以乔姆斯基为代表的转换生成语言学派和以韩礼德为代表的系统功能语言学派。

生平

1925 年生于英格兰约克郡里兹。青年时期在英国伦敦大学主修中国语言文学，获得学士学位。1947 ~ 1949 年到中国北京大学深造，导师为罗常培先生。1949 ~ 1950 年为攻读现代汉语转入岭南大学，师从王力先生。学成之后回国，师从剑桥大学弗新教授继续攻读博士学位。

1955 年完成了对用中国 14 世纪北方官话译述的《元朝秘史》一文的语言学分析，获得剑桥大学哲学博士学位。1963 年韩礼德担任伦敦大学语言学教授，主持多项英语研究和教学工作。

1973 ~ 1974 年在美国斯坦福大学进行行为科学研究。1974 ~ 1975 年任英国埃克塞斯大学教授。1976 年移居澳大利亚筹建悉尼大学语言学系并担任系主任。1987 年 12 月退休。

主要观点及著作

韩礼德是一位既重视系统概念又重视功能概念的学者。

韩礼德不同意索绪尔等把语言单单看作是一套符号的集合的看法。他认为，语言不是所有合乎语法的句子的集合，不能用固定的规则来解释，而是需要用潜在意义来解释。他把语言系统解释成一种可进行语义选择的网络，当有关系统的每个步骤一一实现后，那么就产生了结构，也就是说，结构是意义选择所带来的。

这里的“系统”并不是一般人所谓有条理、有组织的意思，而另有其特殊含义。韩礼德认为，整个语言体系是由许多“小系统”组成的“大系统”，其基本特点是选择。人们在使用中根据自己的需要和语境，对诸多语言项目进行选择。由于说话人的选择，人们才能准确地表达自己的本意。例如在谈到某件事的时候，在语法方面可以用陈述式、命令式或疑问式来讲这件事，选择哪一个，要看说话人的态度而定。在一般情况下你要发出命令，就得用命令式“打开门！”不能用陈述式“你打开门”，否则便难以准确传情达意。这便是“系统”所提供给我们的选择。正是因为有了这许许多多的系统，我们的选择才能丰富多彩，切中言语本意。

在语言的“元功能”方面，他提出如下三个概念：

① 概念功能（ideational function）。语言是对存在于主客观世界的过程和事物的反映，是说话人对外部世界和内心世界的经验，这便是“概念功能”。

② 人际功能（interpersonal function）。语言是社会人的有意义的活动，是反映人与人间的关系的。这个便称为“人际功能”。

③ 语篇功能（textual function）。实际使用中的语言基本单位不是词或句，而是相对来说表达完整思想的语篇，是对话，是段落等。上述两种功能最后要由说话人把它们组织成语篇才能实现，这就是

"语篇功能"。在语篇功能中，语言和语境发生了联系，说话人在上下文对话中，只能产生与语境相一致的语篇，只有这样才能实现交际，传达完整思想。

韩礼德的学说包罗宏富，体系严密，他受弗斯影响，其成就又远远超过了他的老师弗斯。韩礼德坚持从系统和功能的角度研究语言，批评乔姆斯基的纯形式理论。世界各地围绕着韩礼德已形成了一支系统功能语法学家的队伍，对中国语法研究的影响也已日渐加深。

其主要学术著作有《语言的系统和功能》(1976),《功能语法导论》(*An Introduction to Functional Grammar*)等。后者出版于1985年，是韩礼德功能语言学理论的重要著作。

1.1.1.3 冯·戴伊克（Teun A. van Dijk）

生平

荷兰语言学家。1943年生于荷兰海牙附近村庄的一个新教徒工人家庭，早年分别在自由大学和阿姆斯特丹大学学习法国语言文学和诗学，获语言学博士学位。随后在阿姆斯特丹大学语言文学研究系任教，1980年以来，为交叉学科杂志《话语》(*TEXT*)的主编。

主要观点及著作

1972年，冯·戴伊克撰写了非常有影响的博士论文《语篇语法要略》，英文原名为*Some Aspects of Text Grammars*，也有学者译成《话语语法要略》。1977年，撰写了《话语与语境》，英文名为*Text and Context*。这两篇重要文献提出了句子语法不能满意回答的问题，阐述话语句子的局部和整体连贯等一系列语义关系，提出了"语篇语法理论"。

1977年又发表了《篇章和语境篇章的语义学和语用学探索》，讨论连贯和衔接等问题。1985年，戴伊克主编的*Handbook of*

Discourse Analysis(《话语分析手册》）正式出版，这可以看作是“话语分析”这一新的跨学科体系形成的标志。

1993 年，中国中华书局出版了他的《话语•心理•社会》，由施旭教授等编译，这是一部当代跨学科话语分析理论典范著作。本书将话语、心理和社会三者紧紧联系在了一起，谈论话语分析等内容。

由此也可以看出，戴伊克经历了“语篇语法”研究到“话语分析”到“话语社会性分析”研究等阶段。

《从语篇语法到批评性话语分析——简要的学术自传》是戴伊克对自己学术生涯的总结。在这篇简短的学术自传中，主要概略介绍了戴伊克这些年的研究进展：从上个世纪 70 年代的“语篇语法”(text grammar)，到现在的“批评性话语分析”(critical discourse analysis，CDA)，以及其他领域如意识形态、知识和语境的研究等内容。

这里我们特别要介绍下他的语篇语法思想。

戴伊克 1972 年的博士论文是《语篇语法要略》。据其自传所述，“是为了给语篇语法结构提供清晰的描述”，“这种描述最明显的任务是解释句子之间的语义连贯关系，尽管句子语法依然要解决复合句中小句间语义关系，但对于语篇中线性（序列性）语义关系还没有人进行过认真的研究。”

这里戴伊克引入了“宏观结构”概念。他认为语篇中不仅仅在连续的句子之间存在局部的或微观的关系，而且在整体和全局上，也由宏观结构决定着语篇的整体连贯和组织。宏观结构分意义的宏观结构和形式的宏观结构两种，后者是管理语篇整体形式或格局的图式结构。

戴伊克认为，“正如句子语法解释为什么任意排列的单词不能确定为句子一样，语篇语法解释为什么任意排列的单句不能确定为语篇。”由于其对句子排序的研究，也便引出了后来的对“连贯”等定义的细致深入的讨论。他对“连贯”的定义——如果两个连续排列的命题 P1 和 P2 所表示的事实 F1 和 F2 在某个可能世界或在某个代表这种可能世界的模型中有关联，如作为条件或原因，那么，他们是连贯的——直至今天依然是一个重要的语义定义。

1.1.2 国内第二语言语篇研究

1.1.2.1 代表性人物

国外语篇分析的蓬勃发展，也影响到了我国外语教学界。(由于国际上对text和discourse没有统一的看法，国内学者也常常混用“话语分析”和“语篇分析”这两个术语，因此我们为后面行文方便，在这里将其统一称作“语篇分析”）进入 20 世纪 90 年代后，国内涌现出一大批该领域的专家学者。根据徐珺（2007，5）的研究，在 1979 到 2006 年间，有 7 位专家的语篇研究文献被引用超过百次，说明这些学者已经成为我国语篇研究界的领军人物。这其中多数学者从事的是英语作为第二语言的教学科研工作，因此也多以英语为语篇研究对象。

下面展示了这七位被引用最多的专家所发表的语篇文献数以及被其他研究者所引用的频次：

作　者	被引用频次	发表文献
黄国文	268	17
辛　斌	262	14
朱永生	233	7
张美芳	173	3
胡壮麟	164	11
苗兴伟	119	7
徐赳赳	105	9

1.1.2.2 主要研究内容

在我国英语等作为第二语言的教学界涌现出诸多语篇研究专家的同时，这些专家学者的作品、主要研究内容、重要学术文献，自然也是我们关注的重点。从论文被其他学者所引用、所参考的频次上，可以看出，在20世纪后二十年以及21世纪前几年，外语教学界的教师、学者所关注的语篇课题到底有哪些。

根据徐珺的统计，被其他研究者关注引用最多的文章主要是：

1. 主位推进模式与语篇分析 99次

作者：朱永生《外语教学与研究》1995年第3期。

2. 语篇语言学与翻译研究 99次

作者：张美芳《中国翻译》2002年第3期。

3. 语境研究的多元化 91次

作者：胡壮麟《外语教学与研究》2002年第3期。

4. 论衔接与连贯的关系 75次

作者：苗兴伟《外国语》1998年第4期。

5. 韩礼德的语篇连贯标准外界的误解与自身的不足 70次

作者：朱永生《外语教学与研究》1997年第1期。

6. 功能语篇分析纵横谈 75次

作者：黄国文《外语与外语教学》2001年第12期。

7. 英汉指称词语表达的可及性 63次

作者：许余龙《外语教学与研究》2000年第5期。

从这些最受关注的文献标题可以看出，学界普遍关心的语篇问题有这样几个：主位推进模式、语篇分析的应用、衔接与连贯、指称问题、韩礼德理论的介绍。

这些问题，可以说直至今天，依然是语篇研究中非常重要的部分，是学者们不断探讨的话题。有的学者尝试将英语与汉语结合起来，进行语篇视角下的对比研究，这些都对我们下面汉语本体的语篇研究起到了启发参考作用。

1.1.3 国内汉语本体语篇研究

1.1.3.1 代表性人物与主要研究内容

20世纪80年代至今，汉语本体中“语篇研究”发展迅速，出现了大量“语篇”方向的论文，这是汉语界前所未见的学术现象。之所以如此，是因为愈来愈多的汉语研究学者意识到：自然语言的某些现象已不能仅仅局限于句子语法，在语篇中会找到更合理的解释；语篇运用具有自己的独特规律，尚有许多未能揭示的语篇现象；语篇研究是一门独立的语言学科。

汉语语篇的本体研究与句法研究相比，尽管起步很晚，但近二十年仍然取得了巨大的进展。

一、廖秋忠

廖秋忠是国内最早开始大量研究汉语语篇的学者之一。从1983年至1991年逝世，他在《中国语文》、《语言教学与研究》等杂志上发表了一系列篇章方面的论文，涉及衔接、连贯、篇章管界、篇章结构等，对汉语篇章做了相对宏观的勾勒，文章数量之多、范围之大、影响之广，后人尚不能及。其研究工作在现代汉语篇章研究史上具开创性意义。时至今日，廖秋忠的文章依然是后来研究者的重要参考，著有《廖秋忠文集》(1992)。

二、陈平

社科院陈平在国内较早开始了指称（零形回指 zero anaphora）研究（1987，5）。他从话语的角度，分析了零形回指的适用范围、使用条件，并从微观连续性、宏观连续性（话语的线性顺序、话语层次）两个层面，指出了话语结构对零形回指的制约作用。该文是目前所见国内最早的一篇汉语指称研究文章，可以说，陈平为后续不断的指称研究开了先河。

三、徐赳赳

徐赳赳随后在限定文体——叙述文中，对重要的指称（reference）形式“他”做了考察。文章从“他”的线性结构、“他”的层次结构、“他”分布的制约因素三个方面入手，首次系统地分析了其在叙述文中的使用。

徐赳赳是在篇章领域开掘得较深的一位学者，2010年他将多年研究集成《现代汉语篇章语言学》一书。该书侧重探讨了篇章类型、篇章现象、篇章层次结构等内容。

四、郑贵友

郑贵友也是多年耕耘在汉语篇章研究的学者，著有《汉语篇章语言学》，侧重篇章理论，着重探讨篇章与信息、宏观结构、语境等的关系。书中也收录了其相关的篇章研究成果，如对语篇中的现象“加线式插说”(即将一个句子断开，中间插入小句，以前后两个“——”线衔接该小句）进行了详细的描述分析。发现：从语法构成角度，主谓结构间是插入加线句频率最多的，双宾语间是插入加线最少的；从语义角度，加线插入成分，是对前面成分的语义追补、铺陈、诠释等。作者在此将语篇现象置于语法框架下，从句法角度对语篇现象做了描述，两者很好地结合在一起。

徐与郑两位学者的专著，基本属于“篇章学”而非“篇章语法”的研究，是目前所见仅有的“汉语篇章学”方面的两本著作。

五、方梅

社科院方梅也在篇章方面做了大量研究，尤其在《篇章语法与篇章语法研究》(2005，6）一文中，对篇章语言学及其分类方向等做了梳理与定位：篇章语言学是以语言运用为导向的研究，关注“交际—社会”因素对言谈过程的制约和对语言产品的影响。关注“交际—社会”因素对言谈过程的制约，形成自身独立的一个门类——会话分析（Conversation Analysis）；关注“交际—社会”因素对语言产品产生的影响，形成自身独立的一个门类——篇章语法（Discourse Grammar）。

方梅较大的贡献是对篇章语法的论述，其观点轮廓比较清晰，我们放在后面“汉语语篇语法研究”一节中展开。

除上面几位外，还有一些后续青年研究者在一些论文中研究汉语本体的语篇问题，在此摘要概括其主要文章的主要内容。

黄南松（2001，2）对汉语指称出现规律进行了探讨。作者将指称分为几类：NP/P/Φ（零式指称），认为叙事体语篇倾向于用 NP 来建立指称，倾向于首先使用零形式，之后运用 NP/P 来延续指称，并给出了指称的基本模式。不过作者也指出了该研究表现出的是一种基本规律性（regularity），而非语法研究的规则（rule），这是由语篇研究的性质决定的。其实作者道出了几乎所有语篇研究的特点，那就是：研究结论的倾向性而非规则性，这是语篇本身特性所决定的。

田然（2003，6；2004，2）对汉语叙事语篇的衔接方式 NP 省略进行了描写。从 NP 省略前后句法位置相同与否入手，给出了十余种 NP 省略模式，其中较为突出的是对省略后句法功能发生切换的 NP 省略的描写，如某些 NP 省略前为小句定语，省略后却以主语位置出现等。作者对省略的各种语篇条件也进行了分析，并通过对儿童语料的分析，提出了省略的“难度级差”(degree）概念，认为句法位置相同的省略更易为儿童习得，句法位置不同的对儿童、留学生来说较难把握，属于更高级的省略。作者在描述本体时与教学应用进行了结合，概要论述了对留学生教学的大致步骤，但限于文章篇幅并未展开讨论。

张宝林（2001，3）对语段的中心句进行了分析。作者认为在一个语段中，各个小句都是为了表现整体的语义中心服务的，但其功用又不尽相同，段落中存在着一个“中心句”，其他小句是围绕这一中心句展开表现语义的，所以首先，作者确定了“中心句”的存在；接着，从语段类型，如总括语段、因果语段等入手，论述了中心句的提取方法；最后，通过语料统计得出了中心句的几种表现形式，认为：首句为话题、末句为中心句的语段是汉语中最普遍的表现形式，应该是汉语教学的重点。作者努力将本体研究与对外汉语应用结合起来，使较难把握的语段研究做到更加有的放矢，更具实用意义。

1.1.3.2 目前主要成果

目前较为集中研究语篇且影响较大的著作有这样几部：

廖秋忠，《廖秋忠文集》，北京语言学院出版社，1992；

郑贵友，《汉语篇章语言学》，外文出版社，2002；

徐赳赳，《现代汉语篇章语言学》，商务印书馆，2010；

徐赳赳，《现代汉语篇章回指研究》，中国社会科学出版社，2003；

田海龙，《语篇研究：范畴、视角、方法》，上海外语教育出版社，2010；

唐青叶，《语篇语言学》，上海大学出版社，2009。

廖秋忠发表的论文都收录在了《廖秋忠文集》之中，徐赳赳、郑贵友的专著也包含了两位学者近年语篇方面的最新研究成果。（1.1.3.1 已做介绍，此处不再赘述）

田海龙的著作梳理了“语篇”及与“语篇”相关的一些概念，讨论了“话语理论”和“批评性语篇分析”这两种不同的语篇研究视角以及后者的研究方法，分成了“视角篇”、“方法篇”等。在此基础上，提出“语篇社会功能研究”这一课题，并以汉语语篇研究的实际案例为切入点，分析中国社会实际进行语篇研究的有效途径。

唐青叶的《语篇语言学》研究范围涉猎很广，属于跨学科研究，涉及符号学、语言学、心理学、人类学、社会学、信息科学、认知科学等。由于作者专门从事系统功能语言学研究，因而论著也主要是从语言的三大功能——“概念功能”、“人际功能”、“语篇功能”着手，探讨语言在特定语境中的作用、意义和功能，把文化语境、情景语境和语言本身纳入语篇学研究的范围。该书从五个方面对该模式的核心——概念库及其主要框架——做了系统研究，希望通过概念库来揭示系统功能语言学“认知转向”的实质，同时，作者也指出了其中存在的问题，提出了自己的一些解决方案。

除了这几位学者以外，越来越多的汉语工作者进入到了语篇领域，语篇本体方面论文近几年正在不断涌现中。尽管研究尚不很系统，但覆盖范围也开始趋于广泛：有研究话语分析、话语链的，也有分析语篇衔接连贯的、语篇中的词汇场的、语篇现象的等等。

发表语篇、语篇功能方向论文较多、较早且影响较大的研究者大致有这些（据中国知网 2012）：

方梅：

关于复句中分句主语省略的问题，《延边大学学报》（社会科学版）1985 年第 1 期；

汉语口语的主位结构，《北京大学学报》（哲学社会科学版）1994 年第 2 期；

北京话句中语气词的功能研究，《中国语文》1994 年第 2 期；

汉语对比焦点的句法表现手段，《中国语文》1995 年第 4 期；

自然口语中弱化连词的话语标记功能，《中国语文》2000 年第 5 期；

篇章语法与汉语篇章语法研究，《中国社会科学》2005 年第 6 期；

语体动因对句法的塑造，《修辞学习》2007 年第 6 期；

由背景化触发的两种句法结构——主语零形反指和描写性关系从句，《中国语文》2008 年第 4 期。

黄南松

论省略，《汉语学习》1995 年第 6 期；

现代汉语叙事体语篇中的成分省略，《中国人民大学学报》1996 年第 5 期；

现代汉语的指称形式及其在篇章中的运用，《世界汉语教学》2001 年第 2 期。

张宝林

语段教学的回顾与展望，《语言教学与研究》1998 年第 2 期；

语段的语义中心的获取及表现形式，《语言教学与研究》2001 年第 3 期；

汉语水平考试中的语段测试，《汉语学习》2005 年第 3 期。

王静

论语篇性质与话题的关系，《世界汉语教学》2000 年第 4 期；

现代汉语静态话题链的句法组织原则，《语言教学与研究》2004 年第 2 期；

现代汉语动态话题链的组织规律，《语言教学与研究》2006 年第 2 期；

语篇与话题链关系初探，《世界汉语教学》2006 年第 2 期。

朱其智

语篇分析技巧及在精读课中的运用,《汉语学习》2001 年第 4 期;

“由”字句的语篇分析,《语言研究》2002 年第 4 期。

郭圣林

同语句的语篇考察,《语言与翻译》2006 年第 4 期;

被字句的语篇考察,《汉语学习》2006 年第 6 期;

“爱 V 不 V”句式的语篇考察,《汉语学习》2009 年第 1 期。

彭宣维

代词的语篇语法属性、范围及其语义功能分类,《语言教学与研究》2005 年第 1 期。

田然

现代汉语叙事语篇中 NP 的省略,《汉语学习》2003 年第 6 期;

叙事语篇中 NP 省略的语篇条件与难度级差,《语言教学与研究》2004 年第 2 期;

近二十年汉语语篇研究述评,《汉语学习》2005 年第 1 期;

话语结构中“x,一旦 y(就)z”格式研究,《云南师范大学学报》(对外汉语教学与研究版)2009 年第 3 期;

语篇对句法的制约探究,《云南师范大学学报》(对外汉语教学与研究版)2010 年第 4 期。

其中研究方法较多的是描写法。比如黄南松(2001,2)的指称研究,郑贵友(1999,2)的加线式插说,王静(2000,4)的话题链分析,田然(2003,6)的 NP 省略研究,都是通过语料分析,描写语篇衔接的规律特点,并尝试给出一个模式。

1.1.4　对外汉语语篇研究

1.1.4.1　研究特点

随着我国进入20世纪80年代以来的改革开放，对外汉语事业蓬勃发展。可以说，对外汉语语篇研究并不是在汉语本体语篇研究相当成型后开展起来的，而是面对汉语教学任务、教学中频现的语篇问题，从各自的教学问题出发而发展起来的。因此，其研究特点归结起来有如下几个：

第一，从研究内容上看，近年较多集中在留学生语篇现象上，尤其是衔接连贯研究。这与语篇教学面临的难题相一致。这充分反映了留学生到中高级阶段，成段表达、连篇成文写作难以再提高这一“高原误区”始终困惑着汉语教学者，然而令人欣慰的是，研究者们已经找到了问题的症结，即语篇问题，这也是近年语篇方向研究文章层出不穷的现实原因。

第二，从研究方法与视角上看，经验归纳法和微观描写分析居多。教师多根据自己的教学经验、研究经验，归纳出语篇教学、语段教学的方法。如刘月华（1998，1）的语段训练等文章。也有随机抽样法。如杨翼（2000，4）的留学生句子排序、组句成段研究等。研究视角上，多是微观的细致的、针对具体教学问题的描写分析，宏观的系统的关于对外汉语语篇研究的文章很少，说明此类研究方兴未艾，正处于理论形成、上升阶段。

第三，从与汉语语篇本体的关系上看，并不是应用本体知识去进行语篇教学，探讨偏误，而往往是留学生出现语篇问题了，反推本体语篇现象。如田然的《现代汉语叙事语篇中NP的省略》等系列论文，其缘起就是留学生作文的偏误，作者由此展开了对汉语本体语篇现象的研究。这类现象说明，目前我们对本体的语篇研究需求十分迫切，对外汉语界急需对本体的研究成果进行应用，同时也说明，对外汉语界面临的语篇教学问题，促使教师由中介语层面进入，转而探寻汉语本体，这也促进了本体研究的发展。

1.1.4.2 较早的研究者与研究内容

1994 年后，对外汉语语篇方面论文开始占有相当的比例，说明许多学者在对外汉语教学日益发展的当下，开始重视这一领域的问题。不过，据笔者资料搜集所见，论文基本针对留学生中高级阶段的语篇教学，这跟语言教学从字词进入单句、段落篇章的学习规律是一致的。较早进行研究的学者有这些：

吴晓露（1994，1）较早注意到了语段训练这个问题。她认为，语段训练应从如下几个方面入手：语段构思的框架化，即让学生按照一定的思路、模式去演绎语段；组合训练的具体化，即依照关联词语、代词呼应等方式训练学生语段表达。

齐燕荣（1996，4）主要分析的是听力语段训练问题。作者依据话语分析（discourse analysis）理论中的两大块——结构主义与功能主义的分析原则，将语段听力理解也分成两个难点区域——语言结构方面与交际功能方面的，并提出了语段的几个训练步骤：猜测段落生词的训练；段落中语法结构的训练；语段语义结构的训练等。

刘月华（1998，1）针对的是限定文体的语篇教学。作者首先总结了叙述体的各种连接手段，如时间处所词语、逻辑关系等，之后提出了具体的教学操作方式，比如删减连接成分、恢复省略内容让学生删除等，预示了不同文体语篇教学特点会有所不同。

高宁慧（1996，2）通过对 30 篇留学生作文的分析，对代词偏误进行了统计和分类，然后应用已有代词研究成果及自己的考察，对偏误进行了解释和分析，同时从宏观、微观两个方面，给出了代词在篇章中的一些使用规则。这些规则涉及指称距离、指称对象、篇章是否为平行结构等因素。作者较好地将偏误与本体研究结合起来，既发现了问题，也给出了可遵循的基本原则。

田然（1997，6）用录音的方式总结了中高级阶段留学生口语语段表达的一些偏误问题。认为表达时前后小句句式混乱、语义不连贯、指称滥用等是口语语段表达的突出问题，应该引起教学上的重视。这种以录音实录口语语段的方式使研究本身更贴近真实语料。

曹秀玲（2000，4）主要对韩国留学生语篇中的指称类型进行了考察。作者参照胡壮麟的划分方法，分别探讨了36篇作文中语篇指称（如“这样/那样”等）、时间指称（“这时/那时”等）、地点指称（“这里/那里”等）、事物指称（这/那+NP）、人称指称（零形式、代词、名词）的使用情况，认为韩国学生在前四种指称中，语篇指称与事物指称的正确率较高（均在90%左右）。人称指称方面，采用Givon的“回数法”统计了零形式、名词、代词的延续性值，认为韩国学生零形式用量明显低于汉语母语者，名词用量明显高于汉语母语者。作者的这一结论对对外汉语教材编写设计、课堂教学很有启示，但其他国家学生是否也存在这类问题，文章中未有涉及。

尽管一些语篇研究者如前面的吴晓露、田然等在论文中提及了语篇教学的教材设计问题，但由于其论文主旨不在教材编写，因而并不够系统。

杨翼（2000，4）对教材设计进行了较为详尽的讨论。作者针对中高级留学生语篇偏误大量存在这一事实，提出了迥异于传统教材编写模式的教材结构设计法。主要表现在教材的推进策略、输入方式、题型开拓等方面。

在教材的推进策略上，传统的教材编写依据“词→词组→单句→复句→语段→语篇”这一顺序，作者主张，在中高级阶段，应突破长期以词、句为中心的观念，从“语篇→语段→复句→单句→词组→词”顺序入手，让学习者从语篇的角度认识语段，从语段的角度认识句子、词组、词，并提出了由显性连贯到隐性连贯、由有标记形式到无明显标记形式、从语篇连接的表层轨迹到需要语义意合连接的实施步骤。

输入方式上，作者认为要将课文表层学习的感性输入与对课文语篇知识的进一步讲解等理性因素结合起来，以促进语篇知识在学习者头脑中的“内化”（internalization）。

题型拓展上，作者按照教材设计流程，依据前人的主要是廖秋忠关于指称、管界、省略等的研究成果，提出了诸多新颖的教材练习设计思路。

应该说，杨翼的这篇文章提出了一个反传统的设想，练习设计方面新颖独特。目前教材中十分缺乏这种语篇知识训练，而这又是中高级阶段迫切需要的，杨翼从语篇角度提出了很值得重视的教材编写思路。如果作者以此方式对留学生进行了小规模实验，并有实验组、控制组语篇衔接连贯能力方面的前后对照，有实验数据的支撑，相信文章的信度会更强。

1.1.4.3 目前主要成果

如前所言，由于对外汉语语篇方面文章以经验归纳写作法为多，以针对具体细致问题的文章为多，因而，时至今日，尚未形成系统的有代表性的著作，甚至也未能形成方向性的、具理论指导意义的论文。究其原因，或许与时下对外汉语研究状况相关：一些有影响的大家、语言学者，多起步于汉语本体领域，多进行国外先进理论的介绍、引入以及将之应用于本体研究；而直接面对留学生偏误的，多是一线教学者，其经验有余而理论高度有待挖掘，故而决定了对外汉语语篇方面的论文较为零散、细碎，但毕竟这是一片有待开掘的处女地，毕竟有了如下的这些先行者们——他们在开拓。

下面将列出一些写作较多的研究者以及他们的论文：

曹秀玲

韩国留学生汉语语篇指称现象考察，《世界汉语教学》2000 年第 4 期；

汉语“这/那”不对称性的语篇考察，《汉语学习》2000 年第 4 期；

汉语作为第二语言话题句习得研究，《世界汉语教学》2006 年第 3 期。

杨翼

语用分析在高级汉语教学中的运用，《世界汉语教学》1995 年第 3 期；

从排序看汉语学习者的局部连贯障碍，《世界汉语教学》2000 年第 1 期；

培养成段表达能力的对外汉语教材的结构设计，《汉语学习》2000 年第 4 期；

对外汉语教材练习的有效性研究，《语言教学与研究》2010 年第 1 期。

彭小川

对外汉语语法课语段教学刍议，《语言文字应用》1999 年第 3 期；

论副词“倒”的语篇功能——兼论对外汉语语篇教学，《北京大学学报》（哲学社会科学版）1999 年第 5 期；

关于对外汉语语篇教学的新思考，《汉语学习》2004 年第 2 期；

充当语篇连接成分的“相反”辨疑，《汉语学习》2006 年第 4 期。

田然

外国学生在中高级阶段口语语段表达现象分析，《汉语学习》1997 年 6 期；

从系统功能角度分析语篇探讨语篇教学，《汉语速成教学研究》论文集，1999 年第 2 辑，北京大学出版社；

语篇对留学生句式选择使用的制约简析，《海外华文教育》2001 年第 3 期；

论语篇中词语的组织方式与语篇难度及词语教学的关系，《云南师范大学学报》（对外汉语教学与研究版）2004 年第 4 期；

留学生语篇中 NP 省略习得顺序与偏误，《云南师范大学学报》（对外汉语教学与研究版）2005 年第 1 期；

留学生限定话题语篇中词汇衔接状况考察，《云南师范大学学报》（对外汉语教学与研究版）2006 年第 1 期；

"既 A 又 B" 格式中 A、B 共现的条件分析，《云南师范大学学报》（对外汉语教学与研究版）2007 年第 4 期。

1.2 语篇语法研究

1.2.1 外语语篇语法研究

由于系统功能语言学最早是外语界人士介绍到国内的，因此，在我国外语教学界，相比汉语语篇方面，更早地开始了外语语篇研究，这其中便包括了外语语篇语法的研究。外语界语篇语法的成就相对斐然，下面我们分两类来概述。

1.2.1.1 外语语篇语法著作及其研究内容

目前我们能找到的我国外语界的相关成果主要为《现代俄语语篇语法学》（吴贻翼等，2003）、《英语语篇语法概论》（张安律，2008）。

《现代俄语语篇语法学》是较有成就的一部语篇语法专著。这部书以语篇语言学为其理论基础，梳理出俄罗斯学者和我国学者在语篇语法学领域的最新研究成果，为完善和推进中国的语篇语言学研究进行了非常有益的尝试。

作者在书中首先介绍了实义切分基本理论。这个理论是20世纪初由捷克布拉格学派奠定的，其核心思想是根据语言单位交际任务对其进行意义切分，由此来揭示语言单位在相应的连贯言语（即上下文或语境）中的直接的、具体的意义。俄罗斯传统语法多以静态观点研究句子，实义切分便弥补了这一不足，解决了语言学家困惑的动态的词序、小句顺序等问题，成为语篇语法学的理论基础。而这部著作拓宽了实义切分理论的研究层面，超越了传统的研究范畴（词、词组、单句等），还探讨了比句子更大的语篇单位（超句体、片段、节、章等）的实义切分情况，可以说，是个相当大的突破。

作者在"超句子统一体"里，由于是跨越了多个小句，其研究方式也发生了转换。如在前面的"句子切分"中，作者是按照陈述句、疑问句两个语气类型来做探讨的，而在超句子里，作者对这一概念做了界定、研究历史回顾后，更侧重于超句子的特征分析、结构类型探讨、句际联系、句际联系的类型等的研究。最后对"超句子统一体"等语篇层面的单位进行了实义切分，可以说做了很有挑战性的研究。

在"片段"一章中，作者完善了语篇语言学的某些概念，如片段的界定、片段内的独立句等等。在俄罗斯语言学界主流观点看来，片段是由两个或两个以上超句体组成的，有共同主题并由专门的句法手段联系起来的语义——句法单位。本书认为，片段是大于超句体的语义——句法单位，然而超句体却不是片段的唯一组成成素，因为其中还可能包括零星的独立的自由句，处于超句体之外。片段内独立句所具有的重要性和功能也不完全一致，就其重要性来说，可以分为必需的和非必需的独立句；就其功能来说，可以分为概括性独立句、客体性独立句、时空性独立句和评价性独立句等几类。

通过上述的事例分析汇总后，作者将片段定义为：由两个以上超句体或两个以上超句体和独立句组成的，拥有共同分主题的，大于超句体的语义——结构的语言或言语单位。由于作者在书中结合了具体的例证，所以其定义更符合客观语言情况。

这本专著主要研究构成语篇的语言单位之间的形态接应和语义接应，也就是研究连贯性语篇的内部构成规律。既有一定的理论深度，又理论联系实际。书中关于超句子统一体、片段部分颇具开创性，给出了主位述位推进的诸多模式，丰富了主述位移动规律的探寻，具有较高的学术水平。

《英语语篇语法概论》副标题是：英语写作结构图式和技术。全书共分七个章节，主要对英语写作结构图式和技术知识做了介绍，具体内容包括英语语篇文本生成的心理基础、英语语篇生成的实质、英语语篇生成技术构成、英语语段写作图式与技术、英语语篇写作图式与技术等。作者运用图式理论，展示了英语写作中必需的完整段落的构成要素、文本框架，提供了英语段落写作的标准参照，最后给出了英语段落写作的基本结构与语篇格式图式。

本书尽管使用了“语篇语法”的概念，但并不是在语篇中探讨语法问题、探讨语篇的衔接关系，而是侧重文章的整体框架，如作文构成的要素、段落如何构成、文章构思框架等，更接近于中国传统的文章修辞学研究。

1.2.1.2　外语语篇语法论文及其研究内容

相对于语篇研究，我国外语语篇语法方面的论文要少得多。主要的有下面这些：

翟红华，国外口语语篇语法研究，《外国语言文学》2006年第1期；

张岩，科技语篇语法隐喻的语篇功能研究,《湖南科技学院学报》2010 年第 4 期；

张岩，科技语篇语法隐喻的概念功能阐释,《湖南科技学院学报》2010 年第 7 期；

陶文好，语篇语法对高年级英语教学的启示,《西安外国语学院学报》2001 年第 1 期；

陶文好，语篇语法与高级英语教学模式,《山东外语教学》2001 年第 1 期；

王娟娟，语篇语法隐喻具体体现形式的整合,《西安外国语大学学报》2009 年第 4 期；

周文巨，阿拉伯语语篇的语法粘合手段（上),《阿拉伯世界》1998 年第 1 期；

周文巨，阿拉伯语语篇的语法粘合手段（下),《阿拉伯世界》1998 年第 2 期；

孙凌，英汉医学语篇语法衔接的对比及其翻译,《西北医学教育》2008 年第 6 期。

这里我们要介绍下与本书密切相关的翟红华的文章。翟文介绍了关于“口语语法”的三种观点，着重介绍了第三种诺丁汉学派的语篇语法研究情况。

第一，两种语法观。学者 David Brazil 强调书面语和口语的语法是截然不同的，是“两种语法”。他反对在口语语法研究中套用“句子语法”这一术语，不赞成基本上基于书面语组成结构的分析方法，强调要在动态中，在相互交往中，在实际运用中来研究口语语法。他的这一提法给该领域带来了全新的概念；

第二，同一语法观。Biber 等则持有“同一语法”的观点。他们通过口语和书面语的对比研究，认为口语和书面语语言中存在的语法现象并非绝对不同，正相反，它们有着共同点；

第三，语篇语法观。诺丁汉学派采取了一种相对折中的、新的观点，即“语篇语法”观。在他们所分析的口语语料中包含了各种不同的口语语体，通过研究得出了以下口语语篇语法的几个特点：

①省略（Ellipsis）

省略一般指某些成分的省略，但这里的省略是指情景省略，有别于 Quirk 等（1985：895）的语篇和结构省略。

②左向移位结构（Left Dislocation ）

左向移位结构现象是指在语义上与后面的句子主语或宾语相关联的结构被放置在其前面。如：

（5）Sharon, where I’m living, a friend of mine, she’s got her railcard, and ...

这里“a friend of mine”是同指后面代词“she”。

③增强语：尾部空位（Reinforcement: the Tail Slot）

与左向移位结构的话题插入正相反的是尾部空位，如：

（6）You’re stupid, you are.

④间接引语（Indirect Speech）

间接引语是语法中经常遇见的一种现象，这种“X said that Y”句型随处可见。一般来说间接引语的动词“say”和“tell”常常是以一般过去时出现。但在他们的语料中却发现动词是以过去进行时态出现的。表现出了口语中特殊的语篇语法现象。如：

（7）Tony was saying that they should have the heating on by about Wednesday.

⑤语篇标志语（Discourse Markers）如：

（8）Anyway, give Jean a ring and see what she says.

（9）Right, okay, we’d better try to phone and see what they have to report.

这些标志语主要用于说话者之间话题转换以及缓解说话时的氛围，是口语语篇中常用的、标志性的语言。

⑥ 副词及状语（Adverbs and Adverbials）如：

（10）Spanish is more widely used, isn't it, outside of Europe?

（11）I was worried I was going to lose it and I did almost.

⑦ 模糊语（Vague Language）如：

（12）Do you think it is affected by your faith, like you were saying you [mm...] have kind of moral standards of not like hooliganising and things, I mean, do you think that's because of your faith or do you think that's, well, because of society or whatever?

像 thing、something、anything、whatever、I mean、you know what I mean、everything 等常出现在会话中，说话者使用它们的目的是使表达尽量避免过分直接与武断，是一种模糊语言，是口语语篇中很特殊的现象。

由翟文对诺丁汉学派的介绍，我们可以得出如下几个结论：

首先，确实存在着一种超越单句的、受交际语境、上下文因素制约的语言表达方式。这种语言方式的语法，与单句的语法不尽相同，具有自身的特点，可以称之为“语篇语法”；

其次，从诺丁汉学派研究成果中，可以发现，语篇语法既可以是用单句句法成分来解释的，如成分省略（含主语省略等）、状语等；也可以是跟单句句法无关的短语，如语篇标记语、模糊语等；还可以是某种特殊的变换句式，如左移位、尾部空位等。换言之，语篇语法是个庞大的、难以完全系统化的体系，其研究涵盖领域、范围，依然处于探寻之中。

1.2.2 汉语语篇语法研究

随着外语教学界语篇语法研究的发展，汉语界也开始借鉴外语研究成果，对本民族语言开始从“语篇”的角度探索其语法发展。自然，这一探索首先源自海外，源于语篇研究成果丰硕的美国语言学界。目前汉语学界所见明确命名为“篇章语法”的专著，为美国佛罗里达大学的华人教授屈承熹（Chauncey C. Chu）先生所著（在此我们将“篇章”与“语篇”概念等同，后文对概念使用会有详细交代，下不赘述）。

1.2.2.1 汉语语篇语法研究代表著作——《汉语篇章语法》

华裔美籍语言学家屈承熹多年研究、讲授“篇章语法”，收获颇丰。在此基础上，屈承熹结合学界最新的相关研究成果，于1998年撰写了*A Discourse Grammar of Mandarin Chinese*，由美国Peter Lang出版社出版。

国内在介绍该著作时多译为《汉语篇章语法》，徐赳赳译为《汉语话语语法》(徐赳赳，2001)，但屈承熹本人认为没有话语语法，只有话语研究。作者在英文版题目中，也用汉字在封面标注了是“汉语篇章语法”，所以目前所见相关论述文章皆采用作者自译的这一用法，即《汉语篇章语法》。2006年北京语言大学出版社又出版了潘文国先生等翻译的中文版本，依旧采用《汉语篇章语法》的说法。

屈承熹的研究经历颇耐人寻味。他起始于句法，但后来逐渐对句法理论中的种种局限表示失望，于是转向篇章，希望从中找到解决句法问题的答案。他认为，许多句法问题的合理解释存在于篇章之中，脱离了篇章去解决这些问题，将会是武断和不可靠的。句子的形式可能受到句子以外因素的影响，汉语尤其如此。篇章语法，即句法和篇章的研究特别适于对汉语语法的分析。句法和篇章之间未必有一条清晰的界限，而是一条逐渐展延的连续统。

可以说，屈承熹将汉语语法从句子扩大到了篇章层面，是明确提出汉语篇章语法并身体力行的第一人，其著作为目前所见汉语篇章语法研究的唯一一本。

在这部厚达近五百页、跨越十一章的著作中，屈承熹主要谈了如下一些问题：体标记的篇章功能，情态副词在篇章中的地位，小句助词和情态，话题化，信息与焦点，前后景结构，语篇回指等。

这里有些内容更接近于单纯语篇分析、话语分析的研究范畴，如话题化、信息、焦点等，与我们概念中"在篇章中研究句法"更接近的是体标记的篇章功能等传统内容——因为这些传统研究项目在篇章中得到了更好的阐释，下面举例说明。

一、对"了"的研究

如第二章对汉语体标记"了"的篇章功能的讨论，表明了有些小句是否合乎语法，不能只是单纯看"孤立"的小句，而要结合篇章。作者在此对传统的句法正确与否的评判，提供了一个新的观点。例如这几个句子：

(13)上星期我买书。

(14)上星期我买了书。

(15)上星期我买了几本书。

一般认为，第一句之所以不合语法，是因为过去时间词"上星期"与无过去、时态标志的动词"买"不能共现；第二句也有问题，因为"买书"是无界的，尽管有"了"作为过去体标志，但没有限量，依旧为错，得加上"一本书"。然而，当我们把第二句放在篇章中，在上下文中，变成"上星期我买了书，以后上课就不用跟你借了"，这个小句链完全成立。所以，第二句说它有错误，似乎不够全面。在这里它不能或不易被接受，并不是语法问题，而是因为它们不能独立表达一个完整的信息，是因为将它孤立于篇章之外了。

二、对“起来”的研究

一般语法书对“起来”的介绍基本是在单句中进行的，如：“他一天天胖起来了”，“外面下起雨来了”，“把那个地上的东西拿起来”，“大家集中起来吧”等等，分别表示“起来”的状态开始义、动作开始、向上、放在一起等含义。屈先生从篇章角度，引入了前景信息、后景信息等概念，认为“起来”不仅标记事件的起点，还负责引入新信息，多出现在前景部分。由于标记事件的起点，因而其后一般还需跟随更多的信息才能使整个情节表达完整。

三、对情态副词的研究

屈先生认为，“并、倒、也”这几个副词，在语篇中所在小句表达的是与期待或假设相反的看法，这是他们在语篇小句中表现出的共同特征，它们的不同之处是：“并”表达的是一种客观的看法；“也”表达的是一种主观的意见；“倒”表达的是一种理想的境地或事件。

上面只是扼要举出书中的一些例子与观点，可以看出，从语篇的角度来研究语法现象不仅能说明语法在超句结构中的语篇功能，拓展语法研究的视野，而且还可以为一些由来已久的句法问题提出全新的功能解释。如前面提到的“了”的问题，一些语法书认为“上星期我买了书”是不合格的单句。《实用现代汉语语法》（刘月华等，2001）在讲解动态助词“了”时，便指出，包含动态助词又包含宾语的句子，宾语前一般要用定语（见 P211），并举了几个例子：

（16）下午他们还请我们看了各种精彩的军事表演。

（17）昨天我们参观了一个工厂。

也就是说，不用定语的单句是不合格的。但同时作者也注意到了不用定语的几个情况，如宾语出现在几个连接得很紧的动词短语、分句、排比句中，可以不用定语。例如：

（18）一天，他拜别了爸妈，骑上马，向西方走去。

可以看出，有些学者注意到了“了”在成句上的复杂表现，但考虑问题的出发点基本是按照传统句法、单句的概念来进行的，即使例句放大到了句群，也未能如屈承熹明确提出“将句法放在篇章中研究”这一前沿性的研究思路。所以说，《汉语篇章语法》尽管还不能包罗许多亟待解决的问题，但它在篇章语法研究方面的开创性地位，却是不可代替的。

1.2.2.2　汉语语篇语法论文及其研究内容

汉语语篇语法领域的论文可以说是2005年后才较集中出现的，总体来看，论文为数不多，处于起步阶段。论文写作表现出两个鲜明特点：

第一，集中性。即以屈承熹《汉语篇章语法》为核心，出现了大量的评介文章，这些文章的写作者多是知名教授学者，如北大姜望琪，山大苗兴伟，社科院方梅、徐赳赳等，从多个角度对屈承熹著作进行解读、分析。

第二，分散性。相对于前者，其他一些论文则表现为研究的对象较为分散，角度也分散。有研究《马氏文通》的篇章语法的，也有研究汉语代词的；研究角度上，有从语言学视角进入的，如《代词的语篇语法属性、范围及其语义功能分类》（彭宣维，2005），有从修辞视角进入的，《篇章语法：句法与修辞之间》（田英华等，2007）；从刊发论文的杂志，也可看出篇章语法归属领域些许模糊的端倪：有刊发在语言研究核心刊物《语言教学与研究》、《世界汉语教学》的，也有刊发在《修辞学习》上的。可以看出，此时篇章语法是个跨越句法、超越句法直至篇章修辞的一门新兴的、未能定性定位的学科。

这一时期篇章语法方面论文主要有：

郑锦全，通信本位汉语篇章语法，《世界汉语教学》1988年第1期；

徐赳赳，《汉语话语语法》介绍，《外语教学与研究》2001年第5期；

彭宣维，代词的语篇语法属性、范围及其语义功能分类，《语言教学与研究》2005年第1期；

苗兴伟，语法研究的语篇视角——《汉语篇章语法》评介，《外国语言文学研究》2005年第3期；

方梅，篇章语法与汉语篇章语法研究，《中国社会科学》2005年第6期；

陈文革，篇章语法教学法——写作语境下的语法教学，《厦门理工学院学报》2006年第3期；

尹世超、李龙，汉语篇章语法的新探索——读屈承熹《汉语篇章语法》汉译本，《修辞学习》2007年第2期；

田英华、黄友，篇章语法：句法与修辞之间——复旦大学第五届修辞学沙龙研讨综述，《修辞学习》2007年第2期；

姜望琪，从句子语法到篇章语法，《中国外语》2007年第5期。

屈承熹本人在该领域长期耕耘、孜孜以求，发表了大量跨越篇章、语法、修辞等领域的论文，早期的部分论文，已将其成果融入了作者的《汉语篇章语法》专著中，相关论文如下：

汉语副词的篇章功能，《语言教学与研究》1991年第2期；

“英雄出少年”与“少年出英雄”：语法、语意、篇章、语用之交集，《汉语学习》1997年第5期；

论现代汉语句末情态虚词及其英译——以“吧”的语篇功能为例，《外语学刊》2004年第6期；

语法与修辞之间（上）——“同义异形”的篇章语法学意义，《修辞学习》2007 年第 3 期；

语法与修辞之间（下）——“同义异形”的篇章语法学意义，《修辞学习》2007 年第 4 期；

关联理论与汉语句末虚词的语篇功能，《华东师范大学学报》（哲学社会科学版）2008 年第 3 期；

篇章结构修辞：句间联系何以通畅，《当代修辞学》2010 年第 2 期。

下面对这一时期语篇语法的主要论文进行简单介绍。

方梅的文章

在《篇章语法与汉语篇章语法》（2005，6）一文中，方梅首先对篇章语言学关注内容进行了划分，由关注内容分出两类研究：会话分析、篇章语法。篇章语言学是以语言运用为导向的研究，关注“交际—社会”因素对言谈过程的制约和对语言产品的影响。关注“交际—社会”因素对言谈过程的制约，形成自身独立的一个门类——会话分析（Conversation Analysis）；关注“交际—社会”因素对语言产品产生的影响，形成自身独立的一个门类——篇章语法（Discourse Grammar）。

作者随后对屈承熹的著作进行了简单介绍，并认为该书中有关汉语话题的原型分析法、汉语主从关系和前景结构之间的关系、体标记的篇章功能以及段落和超段落的分析特别具有启发意义。

作者并对功能主义语言学广泛使用的信息流（information flow）进行了介绍。功能语言学家认为，语言核心的也是最基本的功能就是将信息由言者 / 作者传递给听者 / 读者。从言者的角度说，为了使听者关注重要的内容，在处理旧信息与处理新信息的时候会采用不同的编码方式。已知的信息编码方式简单，未知的信息编码方式繁复。轻主语限制与线性增量原则是针对句子的编排来讲的。信息结构在句法方面的表现被一些学者归纳为“重心在尾原则”——置复杂的结构在句尾，以及“轻主语限制”——句子的主语倾向于一个轻形式，如名、代词成分。作者对现象产生的原因也进行了分析，认为，这种现象一方面是经济原则的驱动，更主要的原因是人类认知活动能力的局限性。认知上的局限表现为对每个语调单位（intonation unit，IU）所包含的新信息的总量有所限制。如下面两句：

（19）我刚买了辆车，日本原装进口的，越野，今年最流行的款式。

（20）我刚买了辆日本原装进口的今年最流行款式的车。

相对来说，长定语的说法可接受性要差得多。

作者也谈到了互动交际（interactive communication）中的语言现象，如“倒装句”和“易位句”的研究。认为很多被认为是“移动”了的成分根本不能找到它的原位。如：

（21）你不是有个游泳池的吗，你家楼下？

（22）我很敏感的，我的鼻子。

这种互动研究也开始受到语法研究者的重视。对自然语句动态特征的研究成为篇章语法研究的一个新的特点。

作者在文章最后对篇章语法研究进行了总体勾勒：近年来，随着话语分析研究和对语言主观性研究的深入，汉语篇章语法研究开始关注交际参与者的主观化表现手段，以及交际因素对语法结构的影响和塑造。上述三个方面构成了汉语篇章语法研究的整体面貌，着眼于篇章结构的研究起步较早，而着眼于句法解释和交际因素对语法结构影响的研究相对来说比较薄弱，是特别值得关注的领域。

苗兴伟的文章

在《语法研究的语篇视角——〈汉语篇章语法〉评介》(2005，3）中，苗兴伟首先按照章节对屈承熹的著作进行了介绍，在此介绍的内容我们略去，不再重复。主要看下苗兴伟对该书的评论，他认为:《汉语篇章语法》拓展了汉语语法研究的领域，使汉语语法研究扩展到语篇的层面。本书不但强调了语篇结构对语法结构的影响，而且注重语法对语篇的影响。这就使语法研究更为全面。

作者重点指出《汉语篇章语法》把一些传统的语法现象放到语篇中进行研究，提出了一些新颖的观点。例如，在完成体标记“了”与句末小词“了”、情态副词的语篇衔接功能、“啊呀”的“个人参与”意义、体标记的定景等级假设、句末小词的衔接力等方面的探讨，都具有前沿性和独创性。

可以说，苗兴伟教授对《汉语篇章语法》开创性的评价，是符合目前汉语篇章研究实际的。文章结尾，作者对篇章语法研究做了展望：汉语篇章语法是一个充满活力的研究领域，其中的许多问题还有待于我们去研究和思考。目前，从语篇的角度对汉语语法进行的研究仍处于探索阶段，还未形成系统的理论框架和研究方法。《汉语篇章语法》一书的出版对于汉语语法研究和教学无疑具有重要的理论价值和实践价值。

姜望琪的文章

在《从句子语法到篇章语法》(2007，5）中姜望琪首先从布拉格学派开始进行梳理，到 Firth、Halliday、欧洲话语分析、美国语篇分析，回顾了 20 世纪语言学的发展进程，揭示了从句子语法到篇章语法的发展脉络。

在欧洲话语分析部分，作者着重介绍了 van Dijk：

1972 年，van Dijk 出版了博士论文《篇章语法要略》(*Some Aspects of Text Grammars*)。他提出，为了生成超出常规的文学作品、诗歌，一定要有“增加、删除、置换”等“文学操作规则”。但是，篇章语法最新颖、最引人入胜之处是提出了句子语法从来没有涉及过的概念——宏观结构（macrostructure）。宏观结构可以表达为一个复杂的命题，可以通过一些规则从句子所表达的命题集合（微观结构）中推衍出来。它是语篇的底层语义表现（内容或概要），在具体句子意义的基础上界定语篇的局部和总体语义连贯。他提出这个语法模式的理由是：生成一个语篇必须先有一个中心思想或话题，然后它才逐渐演化成由各个句子所表达的具体意义。

在美国的语篇分析部分，作者主要介绍了这样几位学者，对美国篇章语法发展脉络做了梳理：

1976 年，Li 和 Thompson 率先提出话题和主语是两个不同的概念。他们认为话题是语篇概念，主语则在很大程度上是句内概念。

1983 年，Robert Longacre 出版了《篇章语法》，1996 年又修订了该书。他认为，语言是在语境中的语言，因此，语言学不能只研究孤立的句子，必须研究篇章，他的研究内容包括诸如解释动词形式在篇章发展中的作用、追踪名词和名词性成分承担的参与者角色、分析各种句内、句间联系等。

1998 年，华裔美籍语言学家 Chauncey C. Chu（屈承熹）在多年讲授“篇章语法”的基础上，出版了他的《汉语篇章语法》。他从汉语虚词讲起，认为，汉语缺乏形式标志，位置关系对语言结构有很大的影响。如果我们只局限于虚词的句法功能，不涉及它们的篇章功能，就很难对虚词有全面的了解。

姜望琪的文章最后对中国的篇章发展也做了回顾。从汉朝的文章学到 20 世纪 80 年代的句群研究、廖秋忠的篇章研究，并以廖秋忠的话作为全文结尾，以表明对篇章研究的态度：从句子到篇章的研究，是语言学发展的必然结果。

徐赳赳的文章

《〈汉语话语语法〉介绍》（2001，5）基于屈承熹的专著，分十一个章节做了简要介绍。翻译时徐赳赳采用了《汉语话语语法》作为书名。

徐赳赳的文章按照原著的章节顺序，对主体内容做了提纲挈领的介绍，之后进行了点评归纳。他认为这本著作有四个特点：

第一，结构上，研究单位从小到大，由个别的词，到明显地涉及两个小句以上的语言现象，进入话语和篇章的领域。

第二，从研究角度上看，对一些传统语法中的虚词在篇章中进行了仔细研究，如“了”等。

第三，注意多个层次研究。在研究中作者发现，有些词的性质并非只在某个范围中有表现，有时在几个方面同时有所表现，如对“着”作者就从不同的层次进行了研究。

第四，英汉对比。作者常提到英语的概念和理论，有时直接举英语的例子和汉语做对比。如第 3 章中有关汉语情态副词的研究，就是通过英汉对比来进行的。

最后徐赳赳谈到了近年来（他写作时为 2001 年）语言研究范围越来越大、更多的学者投入到话语分析、篇章分析领域的情况，认为篇章领域值得探讨的东西委实很多，需要更多的研究者的努力。

屈承熹的最新论文（2007 年后至今）

屈承熹近年在《修辞学习》上发表了两篇跨越语法与修辞的文章：《语法与修辞之间（上）——“同义异形”的篇章语法学意义》，《语法与修辞之间（下）——“同义异形”的篇章语法学意义》，

（2007，3；2007，4）。这两篇文章主要是对修辞学方面一些模棱两可的解释，尝试从语言学，尤其是从篇章语法方面进行解释说明。屈承熹在文中这样说：

许多修辞形式，一般都认为是用来“强调”或“加重语气语势”的。例如倒装“大都用以加强语势”（陈望道，1979），其他如不同类型疑问句的挑选、词序的运用（包括两种不同词序的交错使用、宾语的提前）也都被认为是用来“强调”或“加重语气语势”的。然而，“强调”、“加重语气语势”等此类用语的适用范围非常广泛，因而，其说服力也就显得不够有力，而且在多半情况之下均无法体现其确切意义。这就回到了“只可意会，不可言传”的老路子上去了。

这里，屈承熹对传统的修辞学解释提出了质疑，认为很难准确说明今天的语言现象，作者接着谈到：某些语言形式应如何适当使用，往往说成“在一定的条件下”，或者为了“某种特殊的修辞效果”。例如“在一定的条件之下，被动句可以省去‘被’字”，这样的说法实在过于笼统，由于其所留的想象空间过大，无法让读者获得一个确切的认识。

文中提到的问题，其实也代表了一些语言研究者的困惑。因此，屈承熹教授决定将以语言学的视角，尤其是以篇章语法的观点，对实践性修辞学中所提各类问题，做一个较为原则性的观察，并归纳出一些具有普遍性的规则。

屈文全文万余字，涉及修辞学上的词法，也有句子与篇章关系的内容。我们对所感兴趣的句子篇章关系、同义异形做个摘录。如：

（23）我看过这本书。

（24）这本书我看过。

两者为同义异形句。王希杰先生认为前者是在于陈述事实，后者重点在于描述对象，这种提法，确实是语言学中广为接受的解释。

但是，把后者说成重点在于描述对象，似乎有避重就轻之嫌。其实，例 24 中“这本书”之所以要提前到句首，是因为要将它标记为一个话题。换言之，这两句间真正的差异，是前者没有标明有没有话题，而后者则明显地标明了“这本书”是该句的话题。至于为什么要如此标记，则仅凭没有语境的单句是无法做正确判断的。

这种移位，都是把一个名词组移至话题位置。一般情况，在句首位置的话题更可能作为“对比焦点话题”。所以，前面所谓的“强调主体”，也许就是“作对比焦点话题”的另一种说法。

这里屈承熹对传统的“宾语提前”等做出了新的阐释，从近年来讨论热烈的“话题”角度入手，认为此时原来的宾语成为了“对比焦点话题”，这个话题应该在后续语篇中继续出现，成为关注焦点。

还有一个有趣的例子，是主动句与被动句的挑选。屈承熹在文中这样写道：

（25）特别诱人的是牧场的黄昏，周围的雪峰被落日映红，像云霞那么灿烂。(《天山景物记》现代游记选)

（26）特别诱人的是牧场的黄昏，落日映红周围的雪峰，像云霞那么灿烂。(《天山景物记》现代游记选)

李维琦、黎千驹认为，“带‘被’的被动句与现代汉语绝大多数的句子不一样，如果可能，还是用主动句为好”，这种说法则未免过于武断了。其实，这两句的主要不同有两点：一，第二分句中的陈述对象不同。二，第二与第三分句之间的连接方式也不一样，第三分句中省略的主语是“周围的雪峰”，但“周围的雪峰”在前一句中是第二分句的主语，而在后一句中是第二分句的宾语。这就牵涉到了“小句间连接”这个问题。

屈承熹在此把语篇衔接连贯理论应用到对句式的解释中，更切合实际地说明了，同义异形的主动句与被动句在进入篇章时是有条件的，绝不仅仅是以往修辞学上所说的“为了某种特殊的修辞效果”而采用的。

屈承熹的这些讨论，将修辞学上不易说清的问题，从语言学、从篇章语法角度做了分析，应该说是更接近语言真实情况的。继撰写了《汉语篇章语法》之后，屈承熹先生依旧在该领域不断奉献佳作，引领篇章语法研究。

1.3 对外汉语教学语篇语法研究

1.3.1 “对外汉语教学语篇语法”概念的提出

“对外汉语教学语篇语法”应该说是一个崭新的概念。提出这样一个概念，基于如下几点考虑：

第一，对外汉语教学语篇、语篇语法的实际成果。

最近二十年诸多研究者在对外汉语语篇领域辛勤耕种，多以“语篇”、“语篇中的句法问题”、“语篇偏误”、“语篇衔接”等作为论文题目，但事实上研究内容已然涉及语篇语法。据田然统计（汉语学习，2005，1），截至2005年，已有六十多篇相关论文发表。再查阅中国知网，我们发现到2011年底，公开发表的论文、CNKI能查阅到的硕士博士相关论文涉及语篇的多达三百多篇，也有一些涉入语篇语法领域，可以说该领域的研究，正处于方兴未艾中。

第二，汉语本体篇章语法的研究成果。

如前所述，汉语本体篇章语法的研究成果，无论是屈承熹教授的专著，还是学者们的论文，不但为对外汉语语篇语法框架的构建起到支撑作用，也为对外汉语语篇语法偏误研究，起到了很好的参照作用。

第三，中高级汉语学习群体的语篇语法需求。

即实用性，这也是最关键的一点。随着对外汉语教学事业的深入，以及汉语学习者水平的提高，处于中高级水平的外国学习者日趋增多。初级阶段的学习基本在单句中进行，教材语法讲解、练习设计较少扩展到篇章层面，然而，高水平学习群体的增加，还有HSK考试中写作、成段表达的测试，都使得我们语言研究者，必须关注篇章层面的语法问题、衔接连贯问题等。

综合上述几点，我们提出了“对外汉语教学语篇语法”这一概念，希望能将初具雏形的成果系统化、学科化，将对外汉语研究向更广阔的领域拓展。

1.3.2　目前研究现状

目前研究中，鉴于“语篇”的强大影响力以及汉语语篇对英语等外语语篇研究的秉承，对外汉语语篇方向论文表现出如下几个特点。

1.3.2.1　集中在“语篇衔接连贯”方向

国内最早的研究者，20世纪八九十年代的廖秋忠、陈平等学者，对语篇的研究主要从衔接、照应、指代等入手，后来学者也多涉及该领域。廖秋忠、陈平是从汉语本体角度入手，从90年代后期至今，许多学者由于对外汉语教学的发展，开始研究衔接偏误等问题，如曹秀玲、彭小川、杨翼等，这部分的研究主要是对语篇衔接手段等的综合性考察，成果较为丰富，相关论述可参见前面“对外汉语语篇研究”部分。

需要补充一点的是关于“词汇衔接”、“词汇场”的研究。外语界关于词汇衔接的成果非常丰富，对外汉语教学方面，专门做“词汇衔接”的、已发表的期刊论文很少很少（有汉外对比的暂不讨论），相对来说硕士论文倒多一些，所见成果集中在留学生词汇衔接偏误、词汇的话语组织、词汇场构建偏误等方面，说明许多教授、硕士导师已关注到这方面空白领域很多，具体有这样一些研究：

田然，语篇中词语的组织方式与语篇难度及词语教学的关系，《云南师范大学学报》（对外汉语教学与研究版）2004年第4期；

田然，留学生限定话题语篇中词汇衔接状况考察，《云南师范大学学报》（对外汉语教学与研究版）2006年第1期；

孙西瑾，越南留学生词汇衔接中复现手段的考察分析，广西师范大学硕士学位论文（2005年）；

王大方，语篇中的词汇衔接模式及其连贯建构功能，黑龙江大学硕士学位论文（2005年）；

王晓霞，现代汉语语篇的词汇衔接，华东师范大学硕士学位论文（2009年）；

汪菲，留学生汉语书面表达词汇衔接偏误考察及教学建议，上海外国语大学硕士学位论文（2009年）。

1.3.2.2 语篇中语法问题研究不足

迄今为止，在CNKI中，只检索到一篇以“语篇语法”命名的对外汉语教学方面的论文，为《语篇语法教学——当前中高级阶段对外汉语语法教学的重中之重》，作者张彩云，刊发于《科教文汇（上旬刊）》2008年第1期。有些学者在文章中虽然并未以“语篇语法”、“语篇句法”命名，而用“语境”、“语用”等概念，但文章实际是在探讨这些问题，并认为该领域的研究十分重要。下面我们按研究内容分别简要介绍如下。

一、“把”字句在语篇中的选择

杨翼的《对外汉语教材练习的有效性研究》（2010，1）谈到“把”字句、“被”字句转换练习的效度问题，认为应考虑语用因素，

置身于语境、篇章之中，才能更好地使学生学会使用“把”字句。作者以《速成汉语初级教程》为例，书中有改换“把”字句的练习：

（27）写字台搬到窗户旁边去了。（答案：把写字台搬到窗户旁边去）

（28）那块牌子挂到门上去了。（答案：把那块牌子挂到门上去）

这一练习传达给学生的信息是：某些句子表示的意思也可以变换成“把”字句来表示，但对学生选择何时用“把”字句的问题，却没有回答。杨翼随后举出刘颂浩（2003，4）的例子与观点，认为上述练习题缺乏显示用“把”与不用“把”的语境，所以难以帮助学生区别使用时机。下面这样配有上下文、语境的练习，能较好地解决这一问题（要求学生在后面的 A、B 答案中选择最恰当的）：

（29）不用给我准备吃的了，________________。

A. 我把饭吃了　B. 我吃了饭了

（30）对不起，________________，你只好去食堂吃了。

A. 我把饭吃完了　B . 我吃完饭了

（31）爷爷喜欢唱歌，总是拿着歌本在那里哼歌，有时候还唱不好，就________________。

A. 录下来唱的歌　B. 把唱的歌录下来

杨翼认为，只有在语境，即语篇中，才能使得学生完整掌握“把”字句，教学应从结构、语义教学，迈向语用、语篇，否则“把”字句教学就难以说已经完成。这一提法，在留学生中高级阶段，尤其具有现实意义。

二、语篇对句式的制约

常敬宇《语用对句法句式的制约》（2000，1）从语用、语境的角度，谈到了语境对“被”字句、“把”字句等的不同制约。他认为，同样的内容，如果我们用不同的句式来表达，就有不同的效果。例如：

（32）我们消灭了这股敌人。（主动句）

（33）这股敌人被我们消灭了。（被动句）

（34）我们把这股敌人消灭了。（把字句）

这里其实就涉及了句式进入语篇的问题，昭示了同义句式进入语篇并非任意的，而是受到了上下文、语篇的制约。作者在此谈及的"语境"，即为对话或行文环境，亦即本书所言语篇。关于"被"字句，常敬宇又举例：

（35）在那个年月，他这个厂长被打倒进了牛棚。（蒋子龙《赤橙黄绿青蓝紫》）

在文化大革命那个特定的社会政治环境里，他被谁打倒是尽人皆知的，没有必要在句中出现。也就是说，不必变成"有人打倒了他这个厂长，让他进了牛棚"。这些用今日语篇中的话题焦点理论、衔接理论，或许能得到更好的阐释。

常敬宇还谈到了变换句法成分位置的问题：人们说话时，为了强调某种行为动作的时间、地点、目的或结果，常常把充当状语的成分后置或独立出来，以引起听读者的注意。例如：

（36）然而现在呢？只有寂静和空虚依旧，子君却不再来了，而且永远，永远地！（鲁迅《伤逝》）

（37）她马上有了一种感觉，这感觉促使她立刻翻身下床，几步奔到窗前，撩起窗帘：下雪了，果然！（迟子健《北国一片苍苍》）

可以看出，作者的研究是在语篇中进行的，尽管未明确提出语篇概念，却为我们后来者提供了许多参考。

田然的《语篇对留学生句式选择使用的制约简析》（2001，3）

也发现了上下文对句式选择自由度的影响，后面章节我们会具体介绍该文的内容。

三、话语中的状语、补语对立研究

近年来，一些青年学者在研究语法时，已开始使用“语篇”、“话语分析”等概念，如朱文文的《状补话语功能的对立及其对形容词的语序选择》(2011，1)便是从话语角度分析句法现象。作者认为在超越单句的段落中，句法必然受话语因素的制约，对话语因素的考虑有助于更加全面、深入地理解语法现象。因此，在对形容词状补可换位结构的考察中，便将考察视野扩大到了语篇层面。看她的两组例子：

(38)胡振武捆绑好抬杠，和景荣老五挨肩坐在条凳上，接过老五递来的一支纸烟，点着了，诚恳地说：你一个人怎么办呢？

(39)过两天我再来。耿林尽管说得诚恳，他还是脑袋里做了迅速的权衡，他不能置娄红的威胁于不顾。

(40)庆春探进身去，她全身的汗毛孔豁地扩张了一下，她清楚地看见在那纸箱里，在被扒开的烟叶下，齐齐密密地排列着一块块像砖头一样大小的东西。

(41)他将人类意识的微妙复杂之处看得那么清楚，以至于神圣与罪恶都分不清楚了。

通过对语料的观察，朱文文发现，状中结构与述补结构所在语篇存在明显差异。状中结构所处语篇往往是一个事件链，状中结构在其中刻画的是该事件链条上的一个环节，即一个子事件。该子事件与前后小句所刻画的子事件存在时间上的先后关系。相比之下，形容词述补结构所在语篇则不具备这种特点。作者将“诚恳地说”与“说得诚恳”等问题放大到语篇中后，得出了一个倾向性的、但较单句研究更为新颖的结论。

据CNKI检索结果综合来看，研究者注意到了该领域的重要，可相关文章依旧十分少见，而且零散，使得本书在该领域的参考资料很难搜集，这也是本书意图在此领域进行开拓探讨的重要成因。

1.3.3 研究内容与价值

鉴于前面所述，本书拟从对外汉语语篇教学角度出发，研究如下一些内容：

第一，语篇中的词语组织法。

对外汉语中，留学生语篇衔接出现了许多偏误现象，包括词汇衔接，名词、代词等指称衔接，省略衔接以及特殊词语的语篇衔接偏误等。我们通过对偏误中词语组织方式的分析，归纳出其偏误倾向模式，然后，反观汉语本体的词语组织形式，为对外汉语语篇中的词汇衔接教学提供参照。同时，我们也希冀能拓展词汇、短语、句子教学的视野，进入超越小句的、段落中的词语教学，为口语成段表达、作文写作，提供词语组织方面的参考。

第二，语篇中的句法与句式进入问题。

英语中“动词＋形容词”结构在进入汉语后，便有置于动词前的“状语位”与置于动词后的“补语位”，“她清楚地看见”与“她看得很清楚”在汉语中显然是含义不同的，是有区别意义的，然而这对外国学生却十分难以理解。传统上的单纯的状语、补语讲解，对外国学生用处不大，唯有在进入段落、进入语篇中后，才能多少发现其使用出现差异的原因。

句式的进入更是一个显而易见的问题。教材中“把”字句、“被”字句的互换练习，如：我把花瓶打碎了——花瓶被我打碎了。学生操练起来照猫画虎，完全正确，似乎已然掌握，其实不然，因为何时使用被动语态，何时使用主动的“把”字句，依然是中高级阶段面临的问题。真值条件语义学[1]在实际的语篇中，要受到考验，真值的不同变体，一定受到了语篇的制约。

因此，我们认为，该项研究会加深学生对句法的理解，更突出了具体的应用功能，使得我们所学的语法点、句式等，在具体语境下能得到恰当应用，因为不能正确使用的语法学习，就意味着尚未完全掌握。

第三，语篇语法制约因素的探讨。

前面两类是面向具体问题的分析，这里开始做宏观的归纳，对上述现象进行整合分析，讨论其制约机制，尝试给出较为规律性的结论，以促进语篇语法学习与教学。

1.3.4 研究思路与方法

1.3.4.1 对外汉语中的偏误现象与汉语本体结合

本书坚持“应用—本体探索—本体指导应用”的原则，由外国学生偏误开始，展示该项目诸多问题与难点，进而由应用中的偏误引出对汉语本体相关项目的考察，力求将考察结果应用于偏误分析，从而避免偏误的再次出现。

1.3.4.2 描写与解释结合

本书在描写中介语偏误的诸多现象、为汉语教学提供可鉴参考反例的同时，解释偏误形成的原因，进而避免偏误的发生。此外还描写了汉语本体的语言特点，尝试给出倾向性的结论、倾向性的形式。

---

① 真值条件语义学也称逻辑语义学或形式语义学，由蒙太古（Montague）创立。用数理逻辑作为工具来研究自然语言与语义。直值条件（truth conditions）指那些可使一个语句为真的条件，该理论认为理解句子的意义就在于获取它的真值条件。

1.3.4.3 意义与形式、功能的结合

系统功能理论侧重分析语言意义以及意义所带来的功能，因此本书在分析诸如语篇对小句形式的制约等问题时，会结合小句意义来阐释其功能。

1.4 理论依据与基本概念

1.4.1 主要理论依据

1.4.1.1 系统功能与话语分析理论

系统功能理论是英国语言学家韩礼德（Halliday）及哈桑（Hasan）等学者综合英国语言学家弗斯（Firth）等人理论成果而创立的语言学体系。其核心思想主要有这样几个：

语言的元功能思想：即语言有概念功能、人际功能、语篇功能，前文对此已有解释，不再赘述。

系统与功能思想：即认为语言不是所有合乎语法的句子的集合，语言不能用解说这样一个集合的规则来解释，而是要用意义的有规则的源泉即意义潜势来解释。认为结构是过程的底层关系，是从潜势中衍生的，把语言系统解释成一种可进行语义选择的网络。韩礼德重视语言意义，因此其“功能”思想也属语义分析的概念。语言使用千变万化，而语义系统却可以由有限数量的语义功能成分组成。除及物性系统功能（施动者、被动者等概念）外，主位系统包含主位和述位两个功能成分，信息系统包含已知信息和新信息两个功能成分等。

语境思想：既然把语言系统当作整体来考虑，那就必须从外部、而不仅仅从内部的词汇句法上来确定语义系统。在具体语篇中，语

义是语言和语言之外的某种东西的交叉，这便是社会语境或情景。情景分析法涉及有关世界的非语言特征，要求说话者和听话者掌握有关文化背景信息，这样才能顺畅交流。

基于上述理论，他们的语言工作多研究句子在比其更大的语言单位即语篇中的功能、地位，以及在具体语境中的恰当使用。对句子语义语用的把握与语篇密切结合，这可以丰富对有限的、人造的、孤立的句子的研究方法。相对于“句本位”语法，韩礼德提出了“语篇语法”这一概念。也就是说，无论词语还是单句等，在进入语篇时会受上下文的影响，语篇对词语、单句、句式变体的选用不是任意的，句子的语法选择在某种程度上受整个语篇的制约。

“话语分析”最早可追溯到1952年美国语言学家Z. S. Harris发表于*Language*上的“Discourse Analysis”的文章，这篇文章讨论了语篇的形式结构与其使用的语境之间的联系。到70年代后，“话语分析”体系在西方逐渐形成并日渐壮大，学术影响日渐深入。话语分析的理论体系以及研究范围浩繁庞大，在此我们不展开介绍，只扼要概括与本文密切相关的几个思想。

关注超句语言单位及借助语境的思想：

话语分析研究超越单句的语言单位，强调借助上下文语境、社会交际背景等因素解读交际过程，因而其研究不是单纯的小句、孤立的句子，而是带有语境的篇章，是比句子更长的语言单位。

过渡的连续体（continuum）思想：

无论在语言系统里还是在语言运用中，对立的成分、格式、过程或者环境等等，很少表现为非黑即白、截然分明的两个范畴，在绝大多数情况下，它们呈现为一个由此向彼逐渐过渡的连续体，对立的两极之间存在着数量不一的中间阶段，其研究结果往往表现出一种趋向性和选择性（陈平，1987）。

在“语篇”研究中，由于其间跨越多个小句，语义、句际衔接、句式选用等变量较多，因而，其结论不同于句法研究，更多地表现为一种“倾向性”，这也是语篇研究的一个特点，是我们在进行“对外汉语教学语篇语法”研究中往往难以回避的一个事实。

1.4.1.2 认知语言学理论

认知语言学从20世纪70年代中期在美国萌芽至今大致经历了三个阶段。第一个阶段从70年代中期到1985年前后，其间兰艾克（Langacker）开始了对认知语法的研究。后来，拉科夫（Lakoff）等学者出版了有影响的认知语言学基础性著作，建立了国际认知语言学学会（ICLA），1990年《认知语言学》（*Cognitive Linguistics*）期刊创立，标志着认知语言学学派的正式确立，此为第二阶段。从90年代中期至今，为第三阶段，认知语言学研究日益兴旺发达，研究队伍日渐庞大，成果更加多样丰富，为语言学研究带来了崭新的思路。

认知语言学的主要理论框架包括：原型理论与范畴；概念隐喻与转喻；象似性理论——语言形式与意义之间的象似关系；图形背景理论；框架理论等。

近年有学者认为，认知语言学与系统功能语言学有一定的互补关系（王寅，2006），他们都强调对语言的解释，将语义和功能视为语言研究的中心。戴浩一等（1994）则索性提出认知功能语言学理论，强调从认知和功能两个角度阐述形式与意义之间的关系，这一思路为将形式和意义两者结合研究提供了一个可操作的框架，对应文章名字便为《以认知为基础的汉语功能语法刍议》。

尤为值得关注的是，认知语言学的研究已从词汇和句法层面进入到语篇层面，以体验哲学为基础的认知语言学认为，语言是在人们通过自身对客观世界互动体验和认知加工的基础上逐步形成的，这一思想也可用于语篇分析。有学者（王寅，2003，2；2005，4）曾尝试运用理想化认知模型（idealized cognitive model，ICM）、认知参照点（cognitive reference point，CRP）、当前语篇空间模式（current discourse space，CDS）、原型范畴理论来解释语篇连贯现象，认知语言分析中常常运用的突显、概念隐喻和象似性等，都可以用来分析语篇连贯。

与系统功能理论不同的是，认知语言学把语篇连贯分析的重点置于语篇生成上，多从互动体验性和心智连贯性角度来论述，认为语篇连贯性分析可以有效地帮助我们认知人类自身的思维规律，这是认知语言学对语篇分析的弥补与贡献。因此我们也在本书中依托认知理论，对语篇进行分析。

1.4.1.3　中介语理论

中介语理论产生的背景与20世纪60年代“对比分析”的兴盛有关。对比分析以行为主义心理学和结构主义语言学作为理论依托，试图解决第二语言学习与第二语言教学中的问题。语言学家们将两种语言系统（L1和L2）进行对比，母语为L1，所要学习的目的语为L2，对比后为教师提供两种语言的相同点与不同点，据此，教师来预测学习者的难点，编写教学大纲和教材。

发展到70年代初，语言学者逐渐发现，这种分析无论在理论上还是实践上都面临着严重的危机，人们质疑对比分析的预测能力，质疑两种语言对比的可行性，认为它忽略了学习者作为主体的学习过程，于是对比分析开始出现衰落迹象，人们将目光转向学习者这一主体以及学习过程这一客体，中介语理论应运而生。

一般说来，中介语理论与20世纪60年代末至70年代初塞林格（Selinker）等人提出的“第二语言学习者的语言系统”的理论假设有关。该理论关注学习者特有的语言系统，并将其作为一个独立的、与学习者的母语和目的语系统并列的系统来考察。也就是说，去研究考察学习者自身及习得过程，这是一个崭新的领域。1972 年塞林格发表了《中介语》一文，标志着中介语理论的建立。

中介语系统在语音、词汇、语法、语篇层面，甚至文化层面都有表现，但它是动态的，是随着学习进程的加深，逐渐向目的语的正确形式靠近的。

中介语的产生是多方面心理因素影响的结果，目前普遍的看法是这样几个：母语的负迁移、所学的有限的目的语知识的干扰、本族或外族文化因素的干扰、学习态度的影响、教师或教材对目的语语言现象的不恰当的讲解和训练所带来的偏误等。

目前运用中介语理论分析词汇、语法习得的文章较多，相对而言，分析语篇偏误的较少，本书因此意欲依托中介语理论，对语篇偏误现象进行探讨、归类、分析，力图勾勒出语篇视角下的偏误现象。

1.4.2 基本概念的区分

1.4.2.1 语篇

这里所使用的“语篇”概念，包括话语（discourse）和篇章（text）。这一概念有多种说法，有译成“话语”的，也有译成“篇章”的。也有人认为，侧重口语的适合用话语，侧重书面的用篇章（但篇章概念又易与我国传统篇章学相混淆）。

《英汉应用语言学词典》将“语篇”定义为“比句子更大的单位”（王宗炎，1988），指超越一个单句的一段话语一段文字，中间以标点分隔为几个小句，语义完整连贯。在这个意义上，“话语”、“语篇”、“篇章”它们的概念意义是相同的。

韩礼德（2011，1）最近再次重申“篇章和语篇指的是同一事物”，都是大于句子的、独立的语言使用单位，不过语篇研究还包括符号、表格等，“其含义已经超过篇章”，也就是说，语篇的考察范围更广，这也使得我们倾向使用“语篇”的概念。

再有，由于这一领域研究最早是由我国英语教学界学者介绍引进过来的，因而，我们采用英语作为第二语言教学界普遍的译法，主要使用“语篇”这一概念。

另外，由于本研究面向汉语作为第二语言的教学，里面涉及中介语、偏误分析，这也使得我们倾向采用“语篇”这一提法，因为有“中介语语篇”，却很少用“中介语篇章”。一般认为，“篇章”更倾向于对汉语本体的研究（我国有传统的篇章学），而“语篇”则倾向于第二语言教学研究，会涵盖中介语。

因而，本书行文中主要采用“语篇”这一提法；概念定义上采用《英汉应用语言学词典》的定义；范围上涵盖话语与篇章（有的章节将根据上下文或采用“话语”、“篇章”的说法）；语料选择上包括口语、书面语，既包括母语使用者的成熟语篇，也包括外国留学生的中介语语篇。

1.4.2.2　语篇语法

目前所见，关于“语篇语法”，尚未见各家完全认同的一个清晰的概念定义，多以解释内涵、说明研究范围为主。下面列出几位学者的看法：

一、中国社会科学研究院汉语研究者方梅教授的观点

方梅教授认为，篇章语言学是以语言运用为导向的研究，关注“交际—社会”因素对言谈过程的制约和对语言产品的影响。关注“交际—社会”因素对言谈过程的制约，形成自身独立的一个门类——会话分析（Conversation Analysis）；关注“交际—社会”因素对语言产品产生的影响，形成自身独立的一个门类——篇章语法

（Discourse Grammar）。篇章语法分析是以语法范畴为出发点、针对跨句语篇的语法现象的分析。它关注不同语法范畴和语法手段在语篇当中的地位和功能，关注交际互动因素对语言表达方式乃至语法手段的塑造。在一些文献中，尤其是20世纪80年代前后的文献，话语分析（discourse analysis）或语篇分析（text analysis）与篇章语法（text grammar）是可互换使用的术语，如Brown和Yule所著*Discourse Analysis*。（G. Brown and G. Yule. 1983. *Discourse Analysis*. Cambridge: Cambridge University Press.）

二、北京大学英语研究者姜望琪教授的观点

在姜望琪教授《从句子语法到篇章语法》一文中，"篇章语法"含义可以归总为：与句子语法相对的篇章研究，包括话题、信息流等大于句子的篇章层面的分析，皆为篇章语法。作者开篇将语言学研究从方法论角度进行了分类，大致分成形式主义、功能主义两大派。按语言单位划分，分成了句子语法、篇章语法两大派。形式主义语言学一般以句子为最大结构单位，Bloomfield就是明确这么主张的，Chomsky也一再强调他研究的是句子语法。功能主义语言学则倾向于以篇章为研究单位，不同句之间的联系，是他们研究的一个重要方面。

作者在文章中也引用了van Dijk关于"篇章语法"的说明，van Dijk认为研究"篇章语法"的目的是为了能够对篇章的（语法）结构提供清晰的描述，其中最明确的任务就是说明句子之间的（语义）连贯关系，而语篇的连贯不仅仅取决于句子之间局部的、"微观"的结构关系，还在于决定整体连贯的总体"宏观"结构。

姜望琪的"篇章语法"概念更接近于篇章分析，是大于句子单位的篇章研究。

三、美国佛罗里达大学汉语研究者屈承熹教授的观点

在《汉语篇章语法》一书中，屈承熹教授认为，许多句法问题的合理解释存在于篇章之中，脱离了篇章去解决这些问题，将会是武断和不可靠的。句法和篇章之间未必有一条清晰的界限，而是一条逐渐展延的连续统。句子的形式可能受到句子以外因素的影响，汉语尤其如此。一部现代汉语语法如要真正做到切实有用，就必须涉及篇章，篇章语法即句法和篇章的研究特别适于对汉语语法的分析。

屈承熹在此很具体地提出了句法问题要依托篇章去解决，在关注话语、主题、话题链等话语分析研究的同时，作者从篇章角度，分析了具体的句法结构问题，已经表现出"篇章语法"研究的独特性。

四、山东大学英语研究者苗兴伟教授的观点

苗兴伟认为，篇章语法一方面研究小句句法，另一方面又研究小句如何组织成更大的结构单位。更为重要的是，它研究小句结合体，即更大的结构单位对小句内部结构的影响。由于语篇组织的需要，一个结构单位如动词或小句表现为某一种形式，而不是另一种形式。

苗兴伟的定义涉及了语篇中的句法结构问题，不但关注了宏观的篇章组织问题，也从微观角度阐述了篇章对句法内部构造的影响。

五、本书的"语篇语法"定义

本书的语篇语法侧重从语篇的角度，研究词语组织方法，研究小句之间的组织关系，研究语篇对小句内部句法构造的影响，研究句法形式如何受到语篇的制约，研究不同结构功能实施的不同目的等内容。

这种语法，研究词语在上下小句中的组织情况，是词语的外部运用方式，不同于传统的词法研究，更关注词语在语篇中的衔接连贯情况；

这种语法，研究小句而又超越单句，是在更广阔的视野下去挖掘句法问题，是在传统单句句法研究成果基础上，语料选择更广泛、观察维度更多样、涉及上下小句、涉及句法语义功能认知等因素的多角度的语法研究。它既强调语篇结构对语法结构的影响，也强调语法对语篇的影响。

鉴于依托传统句法成果，因而研究中所用术语，既有现代语篇研究中所用的“信息”、“话题”等概念，也有传统句法中的“主语”、“省略”等提法。

1.4.2.3 对外汉语教学语篇语法

对外汉语教学语篇语法，顾名思义，既是语篇语法，要研究上述内容，同时又是服务于对外汉语教学的，是不同于汉语本体篇章语法研究的。研究视角上，先从中介语入手，对中介语语篇进行分析，然后再反观汉语母语使用者成熟语篇的应用情况；研究语料上，运用大量留学生课堂作业、外国学生口语语料库的文本，再对照使用相关项目下汉语母语使用者的语料；研究目的上，更侧重于应用，应用到汉语作为第二语言的教学与教材编写中去。

也就是说，对外汉语教学语篇语法，是从中介语语篇入手、研究语篇中的词语组织法及句法句式在语篇中运用情况的、对外汉语教学视角的语篇语法。

在此定义下，本研究拟做如下几方面工作：

第一，从语篇角度，建立一个对外汉语教学语篇语法研究框架。迄今为止，对外汉语教学语音、词汇、句法偏误研究成果斐然，然而面对中高年级留学生大量的语篇问题，并没有一个较为宏观的、从语篇角度出发的系统的研究框架，因而，框架的构建十分迫切。

第二，从语篇角度，建立中介语偏误框架。外国留学生成段表达与写作中出现了大量的语篇偏误问题，有词语衔接连贯的问题，也有句子进入语篇的问题。往往单句正确、整体不连贯，本书试图对这类现象进行归类分析，对比较规律化的问题尝试建立出一个中介语的偏误框架来。

第三，从语篇角度，揭示汉语本体的语篇语法现象。针对前面的偏误，探讨汉语本体对应的成熟语篇的特点，以提供教学参考，促进中介语向目的语的迈进。

第四，从语篇角度，探索语篇对词语组织法、句法句式的制约机制。也就是对前面所谈及的种种制约因素做汇总分析。

参考文献：

曹秀玲，2000，韩国留学生汉语语篇指称现象考察，《世界汉语教学》第4期。

曹秀玲，2006，汉语作为第二语言话题句习得研究，《世界汉语教学》第3期。

曹秀玲，2000，汉语“这/那”不对称性的语篇考察，《汉语学习》第4期。

常敬宇，2000，语用对句法句式的制约，《语文研究》第1期。

陈　平，1987，汉语零形回指的话语分析，《中国语文》第5期。

陈　平，1987，话语分析说略，《语言教学与研究》第3期。

陈文革，2006，篇章语法教学法——写作语境下的语法教学，《厦门理工学院学报》第3期。

戴浩一、薛凤生主编，1994，《功能主义与汉语语法》，北京：北京语言学院出版社。

方　梅，1985，关于复句中分句主语省略的问题，《延边大学学报》(社会科学版)第1期。

方　梅，1994，汉语口语的主位结构，《北京大学学报》（哲学社会科学版）第2期。

方　梅，1994，北京话句中语气词的功能研究，《中国语文》第2期。

方　梅，1995，汉语对比焦点的句法表现手段，《中国语文》第4期。

方　梅，2000，自然口语中弱化连词的话语标记功能，《中国语文》第5期。

方　梅，2005，篇章语法与汉语篇章语法研究，《中国社会科学》第6期。

方　梅，2007，语体动因对句法的塑造，《修辞学习》第6期。

方　梅，2008，由背景化触发的两种句法结构——主语零形反指和描写性关系从句，《中国语文》第4期。

范晓、张豫峰，2008，《语法理论纲要》（修订版），上海：上海译文出版社。

高宁慧，1996，留学生的代词偏误与代词在篇章中的使用原则，《世界汉语教学》第2期。

郭圣林，2006，同语句的语篇考察，《语言与翻译》第4期。

郭圣林，2006，被字句的语篇考察，《汉语学习》第6期。

郭圣林，2009，"爱V不V"句式的语篇考察，《汉语学习》第1期。

胡壮麟，1990，韩礼德语言学的六个核心思想，《外语教学与研究》第1期。

胡壮麟主编，1990，《语言系统与功能》，北京：北京大学出版社。

胡壮麟，1993，认知与语篇产生，《国外语言学》第2期。

胡壮麟，1994，《语篇的衔接与连贯》，上海：上海外语教育出版社。

黄国文，1988，《语篇分析概要》，长沙：湖南教育出版社。

黄南松，1995，论省略，《汉语学习》第6期。

黄南松，1996，现代汉语叙事体语篇中的成分省略，《中国人民大学学报》第5期。

黄南松，2001，现代汉语的指称形式及其在篇章中的运用，《世界汉语教学》第2期。

姜望琪，2007，从句子语法到篇章语法，《中国外语》第5期。

廖秋忠，1992，《廖秋忠文集》，北京：北京语言学院出版社。

刘颂浩、汪燕，2003，“把”字句练习设计中的语境问题，《汉语学习》第4期。

刘月华，1998，关于叙述体的篇章教学——怎样教学生把句子连成段落，《世界汉语教学》第1期。

刘月华、潘文娱、故韡，2001，《实用现代汉语语法》，北京：商务印书馆。

鲁健骥，1984，中介语理论与外国人学习汉语的语音偏误分析，《语言教学与研究》第3期。

苗兴伟，2005，语法研究的语篇视角——《汉语篇章语法》评介，《外国语言文学研究》第3期。

彭小川，1999，对外汉语语法课语段教学刍议，《语言文字应用》第3期。

彭小川，1999，论副词“倒”的语篇功能——兼论对外汉语语篇教学，《北京大学学报》(哲学社会科学版)第5期。

彭小川，2004，关于对外汉语语篇教学的新思考，《汉语学习》第2期。

彭小川，2006，充当语篇连接成分的“相反”辨疑，《汉语学习》第4期。

彭宣维，2005，代词的语篇语法属性、范围及其语义功能分类，《语言教学与研究》第1期。

齐燕荣，1996，话语分析理论与语段听力教学，《语言教学与研究》第4期。

屈承熹，1991，汉语副词的篇章功能，《语言教学与研究》第2期。

屈承熹，1997，“英雄出少年”与“少年出英雄”：语法、语意、篇章、语用之交集，《汉语学习》第5期。

屈承熹，2004，论现代汉语句末情态虚词及其英译——以“吧”的语篇功能为例，《外语学刊》第6期。

屈承熹，2006，《汉语篇章语法》，北京：北京语言大学出版社。

屈承熹，2007，语法与修辞之间(上)——“同义异形”的篇章语法学意义，《修辞学习》第3期。

屈承熹，2007，语法与修辞之间（下）——“同义异形”的篇章语法学意义，《修辞学习》第4期。

屈承熹，2008，关联理论与汉语句末虚词的语篇功能，《华东师范大学学报》（哲学社会科学版）第3期。

屈承熹，2010，篇章结构修辞：句间联系何以通畅，《当代修辞学》第2期。

施　旭，1989，冯·戴伊克的话语理论及其最新发展，《外国语》第6期。

孙　凌，2008，英汉医学语篇语法衔接的对比及其翻译，《西北医学教育》第6期。

孙西瑾，2005，越南留学生词汇衔接中复现手段的考察分析，广西师范大学硕士学位论文。

唐青叶，2009，《语篇语言学》，上海：上海大学出版社。

陶文好，2001，语篇语法对高年级英语教学的启示，《西安外国语学院学报》第1期。

陶文好，2001，语篇语法与高级英语教学模式，《山东外语教学》第1期。

田海龙，2010，《语篇研究：范畴、视角、方法》，上海：上海外语教育出版社。

田　然，1997，外国学生在中高级阶段口语语段表达现象分析，《汉语学习》第6期。

田　然，1999，从系统功能角度分析语篇探讨语篇教学，收录于《汉语速成教学研究》论文集第2辑，北京：北京大学出版社。

田　然，2001，语篇对留学生句式选择使用的制约简析，《海外华文教育》第3期。

田　然，2003，现代汉语叙事语篇中NP的省略，《汉语学习》第6期。

田　然，2004，叙事语篇中NP省略的语篇条件与难度级差，《语言教学与研究》第2期。

田　然，2004，论语篇中词语的组织方式与语篇难度及词语教学的关系，

《云南师范大学学报》(对外汉语教学与研究版)第4期。
田　然，2005，近二十年汉语语篇研究述评，《汉语学习》第1期。
田　然，2005，留学生语篇中NP省略习得顺序与偏误，《云南师范大学学报》(对外汉语教学与研究版)第1期。
田　然，2006，留学生限定话题语篇中词汇衔接状况考察，《云南师范大学学报》(对外汉语教学与研究版)第1期。
田　然，2007，“既A又B”格式中A、B共现的条件分析，《云南师范大学学报》(对外汉语教学与研究版)第4期。
田　然，2009，话语结构中“x，一旦y(就)z”格式研究，《云南师范大学学报》(对外汉语教学与研究版)第3期。
田英华、黄友，2007，篇章语法：句法与修辞之间——复旦大学第五届修辞学沙龙研讨综述，《修辞学习》第2期。
汪　菲，2009，留学生汉语书面表达词汇衔接偏误考察及教学建议，上海外国语大学硕士学位论文。
王大方，2005，语篇中的词汇衔接模式及其连贯建构功能，黑龙江大学硕士学位论文。
王建勤，2000，历史回眸：早期的中介语理论研究，《语言教学与研究》第2期。
王　静，2000，论语篇性质与话题的关系，《世界汉语教学》第4期。
王　静，2004，现代汉语静态话题链的句法组织原则，《语言教学与研究》第2期。
王　静，2006，现代汉语动态话题链的组织规律，《语言教学与研究》第2期。
王　静，2006，语篇与话题链关系初探，《世界汉语教学》第2期。
王娟娟，2009，语篇语法隐喻具体体现形式的整合，《西安外国语大学学报》第4期。

王晓霞，2009，现代汉语语篇的词汇衔接，华东师范大学硕士学位论文。

王扬、熊晓灿，2009，认知语言学理论研究的回顾与展望，《国外理论动态》第9期。

王　寅，2003，认知语言学与语篇分析——Langacker的语篇分析观，《外语教学与研究》第2期。

王　寅，2005，语篇连贯的认知世界分析方法——体验哲学和认知语言学对语篇连贯性的解释，《外语学刊》第4期。

王　寅，2006，认知语言学与语篇连贯研究——八论语言的体验性：语篇连贯的认知基础，《外语研究》第6期。

王宗炎，1988，《英汉应用语言学词典》，长沙：湖南教育出版社。

吴晓露，1994，论语段表达的系统训练，《世界汉语教学》第1期。

吴贻翼、雷秀英、王辛夷、李玮，2003，《现代俄语语篇语法学》，北京：商务印书馆。

徐赳赳，1995，话语分析二十年，《外语教学与研究》第1期。

徐赳赳，2001，《汉语话语语法》介绍，《外语教学与研究》第5期。

徐赳赳，2003，《现代汉语篇章回指研究》，北京：中国社会科学院出版社。

徐赳赳，2010，《现代汉语篇章语言学》，北京：商务印书馆。

徐　珺，2007，中国的语篇分析研究走向，《外语教学》第5期。

杨　翼，1995，语用分析在高级汉语教学中的运用，《世界汉语教学》第3期。

杨　翼，2000，从排序看汉语学习者的局部连贯障碍，《世界汉语教学》第1期。

杨　翼，2000，培养成段表达能力的对外汉语教材的结构设计，《汉语学习》第4期。

杨　翼，2010，对外汉语教材练习的有效性研究，《语言教学与研究》第1期。

尹世超、李龙，2007，汉语篇章语法的新探索——读屈承熹《汉语篇章语法》汉译本，《修辞学习》第2期。
翟红华，2006，国外口语语篇语法研究，《外国语言文学》第1期。
张安律，2008，《英语语篇语法概论：英语写作结构图式和技术》，成都：电子科技大学出版社。
张宝林，1998，语段教学的回顾与展望，《语言教学与研究》第2期。
张宝林，2001，语段的语义中心的获取及表现形式，《语言教学与研究》第3期。
张宝林，2005，汉语水平考试中的语段测试，《汉语学习》第3期。
张彩云，2008，语篇语法教学——当前中高级阶段对外汉语语法教学的重中之重，《科教文汇（上旬刊）》第1期。
张　岩，2010，科技语篇语法隐喻的语篇功能研究，《湖南科技学院学报》第4期。
张　岩，2010，科技语篇语法隐喻的概念功能阐释，《湖南科技学院学报》第7期。
郑贵友，1999，“加线式插说”浅议，《世界汉语教学》第2期。
郑贵友，2002，《汉语篇章语言学》，北京：外文出版社。
郑锦全，1988，通信本位汉语篇章语法，《世界汉语教学》第1期。
周海燕，2005，《现代俄语语篇语法学》评介，《中国俄语教学》第2期。
周文巨，1998，阿拉伯语语篇的语法粘合手段（上），《阿拉伯世界》第1期。
周文巨，1998，阿拉伯语语篇的语法粘合手段（下），《阿拉伯世界》第2期。
朱其智，2001，语篇分析技巧及在精读课中的运用，《汉语学习》第4期。
朱其智，2002，“由”字句的语篇分析，《语言研究》第4期。

朱文文，2011，状补话语功能的对立及其对形容词的语序选择，《语言教学与研究》第1期。

van Dijk，T．A.（冯·戴伊克）「荷兰」，2007，从语篇语法到批评性话语分析——简要的学术自传，收录于《语言学研究（第四辑）》，北京：高等教育出版社。

Halliday，M. A. K.（韩礼德），2011，篇章、语篇、信息——系统功能语言学视角，《北京大学学报》（哲学社会科学版）第1期。

Halliday, M. A. K. 1977. Language Structure and Language Function. In John Lyons, *New Horizons in Linguistics*, 140-165. Harmondsworth: Penguin Books.

第二章
语篇中的词语组织

2.1 语篇中的词语衔接理论

2.1.1 衔接理论

2.1.1.1 衔接的定义

功能语言学代表人物韩礼德（M. A. K. Halliday）与哈桑（Ruqaiya Hasan）合著的《英语的衔接》（*Cohesion in English*）为其代表作之一。该书成书于20世纪70年代，一出版即引起学术界巨大反响，许多研究者开始在此书的基础上进行英语语篇方面的研究。该书最早详细地论述了英语的衔接（cohesion）问题。他们认为句子在组成语篇时存在一定的"谋篇机制（texture）"，语篇并不是各语义完整的、孤立小句的组合，句际间存在着衔接机制。如果语篇中一部分内容对另一部分内容的理解起着关键作用，那么就存在着衔接。这一定义偏向于语义上的界定。

其他学者对衔接也有不同的论述，Hoey（1991）认为，衔接是语篇内部句子中某些词语的语法特征，是能够把一个句子和其他相邻句子连接起来的方式和手段。这一定义偏向于形式上的界定。

我们认为，衔接是构成语篇小句间连缀的方式，是语篇布局的表层网络，是能够捕捉到的形式标记，包括零形式。

2.1.1.2 语境因素

提到衔接，就会涉及特定的语境因素，韩礼德将其归为语场、语旨、语式。语场是指语言发生的环境、谈话的话题等；语旨是指参与者之间的关系，如参与者之间的角色关系，以及话语的目的、社会地位等；语式是指语言交际的媒介，是口语还是书面语，是如何进行修辞的等。

尽管韩礼德倾向于用语义来解释衔接，但在现实语言中，上述三个组成部分中任何一项的变化自然会引起语言形式上的变异，也自然影响到衔接机制的运行。面对面的对话语体与正式的公文书面语体，由于交际语境的差异，对话语体可以由现场环境、面部表情等肢体性语言弥补缺省，而正式公文要求行文的严谨严密，在衔接上显然存在极大的不同。

2.1.1.3 衔接方式

韩礼德在 20 世纪 60 年代衔接发展的初始阶段，提出了自己的衔接框架，分成两大部分：

语法的衔接——1. 结构的，包括从属与联结
　　　　　　　2. 非结构的，包括指代（含指称）与替代（有动词的、名词的）

词汇的衔接——1. 词项的重复
　　　　　　　2. 相同词汇组的项目的出现

随着衔接理论的不断发展，目前我们所常见的衔接方式大致包括这些：指称、省略、替代、词汇衔接、逻辑连接、结构衔接、音律衔接等。

指称（Reference）

指称是指语篇内部通过代词与其指代对象前后呼应而体现的连接关系，也有学者叫“照应”（黄国文，1988）。包括人际指称、指示指称、零指称等。

人际指称如“她、他”等：

（1）想了想，祥子不好意思不都告诉给老程了。结结巴巴的，他把昨夜晚的事说了一遍，虽然很费力，可是说得不算不完全。（老舍《骆驼祥子》，下同）

指示指称是指由指示代词构成的指称关系，如“这、那”系列词语：

（2）是的，到城里以后，他还能头朝下，倒着立半天。这样立着，他觉得，他就很像一棵树，上下没有一个地方不挺脱的。

零指称是指语篇中应该出现指称却缺省了的连接现象。如下面例句缺省了“他”：

（3）学校里有个叫阮明的学生，0一向跟曹先生不错，时常来找他谈谈。曹先生是个社会主义者，阮明的思想更激烈，所以二人很说得来。

省略（Ellipsis）

省略为语篇内部小句结构缺省但可以找回，并通过缺省实现小句连接的一种衔接方式。有学者认为省略是特殊的替代——零替代（zero substitution），如下面例子中“嘱咐”前省略了“曹先生”：

（4）赶紧关上门。曹先生还很镇定，可是神色不大好看。0嘱咐完了祥子，他走进去。祥子刚把车拉进门洞来，放好，曹先生又出来了。

替代（Substitution）

指语篇中用某些词语代替上文已经出现的词语，从而实现小句连接的一种衔接方式。如下句用“老头子”替代了前面的“老者”：

（5）[他]要静静地独自想一想。那一老一少似乎把他的最大希望给打破——老者的车是自己的呀！自从他头一天拉车，他就决定买上自己的车，现在还是为这个志愿整天的苦奔；有了自己的车，他以为，就有了一切。哼，看看那个老头子！

词汇衔接（Lexical cohesion）

指语篇上下文中语义密切关联的词语将语篇连缀在一起的一种衔接方式。如下面例子中的画线词语“雪花”、“雪粒”等构成了词义场，从而连缀了语篇：

（6）默默地接着雪花。祥子没工夫看这些美景，一看眼前的“玉路”，他只想一步便跑到家中；那直，白，冷静的大路似乎使他的心眼中一直地看到家门。可是[他]不能快跑，地上的雪虽不厚，但是拿脚，一会儿鞋底上就粘成一厚层；跺下去，一会儿又粘上了。霰粒非常的小，可是沉重有分量，既拿脚，又迷眼，他不能飞快地跑。雪粒打在身上也不容易化，他的衣肩上已积了薄薄的一层，虽然不算什么，可是湿漉漉的使他觉得别扭。

逻辑连接（Logical cohesion）

指使用关联词语实现小句间语义紧密连接的一种衔接方式。如复句关联词语、有时间先后顺序的词语等：

（7）祥子落了泪！他不但恨那些兵，而且恨世上的一切了。凭什么把人欺侮到这个地步呢？

结构衔接（Structural cohesion）

指语篇内部小句间使用结构相近的词语或句法形式，从而将小句勾连在一起的一种衔接方式。下例中“大众”是常见词语，而“小众”便是仿造的了，由于结构相近、语义相对，便构成了衔接：

（8）我曾经跟一个纠结郁闷的朋友交流过这问题，他比我年长许多，我当时说：“要过大众的生活，做小众的人。”他非常认同，但实际上，他做不到。

音律衔接（Swing cohesion）

指语篇中通过重音等手段将小句连接在一起的衔接方式。

（9）晚饭过后，火烧云上来了。霞光照得小孩子的脸红红的。大白狗变成红的了，红公鸡变成金的了，黑母鸡变成紫檀色的了。（萧红《呼兰河传》）

这里的颜色词语，由于位置相同，都处于“变成”之后，且为新信息，是重音所在，因而也构成了一种衔接。

2.1.2　词语衔接

词汇衔接理论最早由 de Saussure 提出，他认为语言是相互依赖的词项系统，某一词项的义值只有在其他词项同时出现时才能得出。到 Michael Hoey，他对词汇衔接的占比做了进一步研究。Hoey 发现，在语篇所有衔接中，词汇衔接占 40% 左右，是衔接中最突出、最重要的形式。他认为语篇中的词汇衔接主要是指语篇中的词汇重复联结模式，两句间至少共有三个重复照应点才能构成重复联结。词汇衔接可以指近距离的小句间的连接，也可以指相隔较远的句子连接，这些连接构成了词汇衔接矩阵。包括简单词汇重复、复杂词汇重复、上下义重复等。

韩礼德的学生胡壮麟教授认为，词汇衔接是指语篇中出现的一部分词汇相互之间存在语义上的联系，或重复，或由其他词语替代，或共同出现。只有词汇相对集中，才能保证语篇的主题和语义场取得统一。语篇是通过词汇间的语义选择、组织和聚合形成，而不是词汇的简单堆积和聚合。通过使用一些相互之间存在意义联系的词语，我们才能建立一个贯穿语篇的链条，建立语篇的连续性。

词汇衔接不同于指称等，是一个开放性的词类，因为它受制于上下文，受制于语篇主旨，而并不受制于词类、词语本身，这也进一步印证了 Hoey 的“词汇衔接”是最主要衔接方式的观点。

2.1.3 语篇词语组织法

2.1.3.1 理论上的划分

系统功能语言学在衔接方式上，使用了指称、回指、照应、省略、替代等概念，可以看出，这是从衔接的功能作用上进行的划分。许多时候，会出现一些划分的杂糅，如：

（10）大家看着<u>他</u>，仿佛唯恐<u>他</u>走了。祥子始终没言语，呆呆地立在那里。听到老车夫说肚子里空，<u>他</u>猛地跑出去，0 飞也似又跑回来，0 手里用块白菜叶儿托着十个羊肉馅的饺子。（老舍《骆驼祥子》）

这里，“他”指称前面的祥子，是回指，也是照应，后面小句中又出现了“他”的省略。但从表现形式上说，用“指称”讨论的是代词“他”，用“回指”也是在说“他”，用省略也是在说“他”，这里反复讨论的无非就是“他”这一代词而已。从研究者的角度，可以遵循这一术语系统，丰富完善系统功能衔接理论，但从对外汉语教学的角度看，这些概念术语并不利于问题的深化研究，因此我们都将其归为“语篇中的词语组织法”问题。

2.1.3.2　语篇词语组织法

语篇词语组织法，是指语篇中词语为了连缀语篇，在上下文中的各种表现方法，包括指称、替代、省略（零替代）等，是词语在语篇中的组织、编织、运用法。这些词语可能是指称中的代词，也可能是省略后的零形式（可以在文中找回），也可以是替代中的动词，还可以是逻辑连接中的连词、结构连接中的仿造词等，所有这些词语的运用，是为了建立语篇的连续性，组织构建连贯语篇。

Michael Hoey 认为，衔接在篇章的发展过程中起着将主位化的句子连接起来的作用，这种连接使得各句子所表达的命题在语义上连贯一致，而衔接在很大程度上又是由词汇衔接完成的。因而，从词汇衔接入手，可以更有效地分析语篇构成。我们据此也可以反推：语篇构成，与词汇衔接密切相关，连贯的语篇中存在着词语布局法则，存在着“词语组织法”。

“语篇词语组织法”这一提法，有利于对语篇词汇衔接的整体分析，因为单纯地分析指称或者替代等，并不能全面洞察语篇词汇衔接现象。指称抑或替代抑或省略等，如同语篇衔接中的一间间房屋，而涵盖这一间间房屋的大厦，便是“语篇中的词语组织法”。尤其在对外汉语教学方面，留学生是不必清楚指代、照应这些概念的，其中介语偏误的表现形式主要就是词汇问题（衔接方面），因而我们以“词语组织法”来概括本章，这会使得教学与偏误分析更直观更方便。

自然，衔接理论丰硕的成果、概念等，如指称、替代，依旧会在文中使用，只是不以此为分类依据。

2.2 语篇中的词语组织方式

2.2.1 中介语语篇词语的组织方式

我们知道，真实的交际是在比单句更大的范围内进行的，人们若想完整、准确地表述其思想就离不开语篇，而留学生在连句成段时表现怎样呢？李杨（1993）在其《中高级对外汉语教学论》中曾指出，留学生的“每一句话从语法到词语几乎都正确，无可挑剔，但连接起来总感到别扭……我们发现问题出在句子与句子之间，段与段中间。”这便说明在语篇组织上，即使到了中高年级，外国学生依然问题多多。下面我们从口语语篇、书面语语篇两个方面，观察留学生语篇中的词语组织情况。

2.2.1.1 口语中介语语篇

我们在此按照学生的汉语水平等级，从整体上把握口语中介语词语组织上的特点。

下面是二年级学生的口语实录：

（11）她在家里是个贤惠的妻子，她做家务做得好，照顾家人照顾得好，她真是里里外外一把手。（课堂语音实录，初中级）

（12）因为印尼我觉得，因为他们都就是，不是说到种族这个方面，就是他们不了解我们的文化。所以现在我们就是尽量把这个中文，就是进入到那个国立学校的科目。这样的话他们都能了解我们的文化。（来自暨南大学口语语料库，以下简称“暨南大学”，二年级）

再来看下四年级学生的口语表达，其中许多也是不敢省略、简单重复的问题：

（13）中国父母常常打孩子，韩国父母也打孩子。打孩子以后，孩子改正了，可是，不一定明白。父母打孩子有理由吗？

我觉得是他们自己生气了，打孩子。孩子不喜欢父母打孩子吧，以后他们也打孩子。（课堂语音实录，中高级）

（14）很多人有崇拜洋货心理，这种崇拜洋货心理影响了国货的发展。（课堂语音实录，中高级）

（15）因为本来就打算一家人一起出去旅游嘛，然后就趁这一次的机会就我毕业，他们就过来，然后就一家人全部都去旅游这样。（课堂语音实录，中高级）

（16）我们印尼人有个口号说，汉语，尤其是汉字，是那种看起来很复杂难度比较高，学起来，所以我们印尼人把汉字叫作神仙的文字嘛，就是说你达到神仙那个境界，你才能学好她，所以，因为有这种心理，这种观念嘛，就是学习起来可能会有一种心理障碍。（暨南大学，四年级）

初中级学生的语篇中，例 11 后两个“她”完全可以省略，而且凭借这种省略，使第一句与后两句关系更为紧密，否则，个个单句语义自足，皆可切断，孤立成句。例 12“他们”“了解”“文化”等词语完全重复、造成了句子的反复，词语组织缺乏变化，单调贫乏。

中高年级学生的语篇中，例 13 课堂上当学生就“打孩子会不会影响孩子的创新精神”发表见解时，“打孩子”是作为一个动宾结构出现的。十几个同学的观点发表中，无一人敢将“打”与“孩子”分开。只要是谈论“打”与“不打”的问题，必在动词后缀上一个宾语“孩子”。其实第二和倒数第二个小句的小宾语“孩子”完全可以省略。因为这个语境已为我们提供了充足的理解依据。“崇拜洋货”一段同样，拖沓冗长，大大降低了表达水准。例 15“一家人去旅游”一段表现出的问题，与初中级例 12“他们不了解我们文化”一段问题相同，都涉及了单一重复、缺乏变换、缺乏词语有效连缀组织的现象。

初步观察比对后，我们发现，不管哪个等级，口语中介语依然出现了以下问题：

第一，词语、甚至短语小句的单一重复，不懂得利用复现（reiteration）关系。复现是指某一词以它的原词形式或近义词、上义词（hypernym）、下义词（hyponym）、概括词（general word）及其他形式重复出现在语篇中以达到衔接目的的一种词语运用能力。在这方面，外国学生常是抓住一词一用到底，几乎不敢也不懂得利用词汇复现联结语篇。

第二，词语同现（word co-occurrence）关系能力偏弱，但随着水平提高在逐步加强。词语同现是指在一定话题中，意义相互联系的某些词往往会同时出现，它们属于同一个词汇套，在语篇中形成词汇链（lexical chain）。人们见到其中一个词便会想到词汇套中的另一些词。如写“草原”，便联系到“蒙古包”、“骑马”等。若能在语篇中正确利用词汇同现，使其符合人们的联想习惯，那么整个语篇就自然连贯得多。如例 16，“汉字”、“文字”、“神仙”、“境界”等，便形成了一个“词汇套”，使得语句更加连贯。

第三，无论是低年级还是高年级，都存在不会省略、不会词语替代等词汇衔接问题。

通过对随机抽取的语料的分析，偏误类型以词性来表示的话，主要有：名词、代词、动词等的词语衔接问题，包括重复、反复、近义上下义使用等；名词、代词等的省略替代问题。

2.2.1.2 书面中介语语篇

下面先来观察学生作文时的中介语语篇，例 17、18 为中级学生的作业。

（17）我去年暑假来中国旅游了两个星期，一个星期留在北京，另一个星期去上海旅游。第一天我们旅游得乐此不疲

（注：此处有错误）。不知道找旅馆的时间过了，没有房子住。过了一天，我们碰到一个老人，多亏他帮我们的忙，很短的时间内又能到处旅游了。这次旅游虽然很危险，但是很有意思，让我百感交集。

这里“旅游”占十个字，严重影响了语篇的质量，其实可分别利用“旅游”的近义表达“旅行”、“逛”，上义表达“玩儿”等进行变换。如果缺乏这些词汇，就会使得各个单句语义自足性增强，从而对整个语篇的依赖性减弱，语篇的整体性、完整性受到影响。所以，词汇复现不仅仅是丰富表达方法的问题。又如：

（18）他的皮肤不太好，脸上有疤痕。他的视力也不好，所以他戴了很厚的眼镜。他的眼睛看起来很朦胧。

第一个“他的”已起到了对后几句的管界作用，因此后两个“他的”可以省去。若后面的限制性定语变成“你的、小王的”那就必然要加上。所以说，省略是对同一主题叙述时句际间相互联结的极有效的手段。这种情况也需教师教学时特别指出来，否则学生便会生成如上的段落。

通过对上面几个例子的观察，可以看出，初中级阶段，书面语与口语中介语语篇，在词语衔接偏误上，并没有非常明显的差异。

高级阶段，学生的书面表达水平越发接近母语使用者，衔接连贯能力显著提高，其中非常重要的因素是，学生懂得如何在上下小句中，通过词语的替代、转换、关联，连缀语篇，从而形成顺畅的语篇。下例是北京语言大学动态作文语料库 HSK 九级学生的高分作文。

（19）我一向对观光服务业感兴趣，我有一定的汉语会话能力，近年来，来北京观光的日本游客越来越多，我希望参加贵公司负责日本游客的接待工作，我在北京已经住了两年，对北京的地理历史有一定的了解，我相信我能胜任这个工作。（日本学生作文，C 等级，HSK 动态作文语料库：90 分的作文，满分为 100 分，编号为 199312533525200043）

（20）我是新加坡人，我们公司是专门搞旅游的，尤其是组团到东南亚和中国一带参观。我目前的职务行政方面的工作，包括安排行程、住宿、与管理公司的导游等，但我更感兴趣更希望的是把全副精神放在导游上。（新加坡学生，动态作文语料库，编号为 199312533533200136）

例 19 日本学生会用“观光服务业”、“游客”、“接待”等，构成关于旅游的一系列词汇串，用“胜任”与“工作”搭配，语义具有施受关联性，使得整个段落表述流畅自然。

例 20 使用了“搞旅游”、“组团”、“东南亚”、“导游”等词，语体色彩基本一致，词语具有上下义关系、关联性，构成了语义关联的语义场，因而读起来衔接自然流畅。这都与学生到高级阶段跨越单句的词语衔接能力密切相关，也证实了在构筑流畅语篇过程中，单句内的词语要与上下小句词语发生关系，语篇组建、词语运用是超越单句的，是至关重要的。

2.2.1.3 限定话题中介语语篇名词、动词衔接考察

前面我们分析了口语、书面语的初步表现，现在再来观察下，在限定话题中，留学生的中介语语篇名词、动词衔接连贯情况。

限定话题的意义

我们知道，一篇主旨清晰的文章，需要意义上相关的词语组成词语网络来连缀语篇。在某一特定话题中（比如描写环境污染的），人们用来描写、连缀的词汇具有限性，这些词语在意义上互起影响作用，或互相对立、制约，或互相对比、映衬，更容易形成特殊的“词汇场”。因此，为了更突出研究留学生在具体话题语篇中的词汇

衔接能力与出现的问题，我们对选取的语篇话题做了限定。

我们的语料来源于北京语言大学中介语语料库，是各国学生的作文、作业等的汇总。我们从中选取了3个话题的作文：节日类、环境污染类、旅游类，每个话题选20篇字数相当、难度相当的文章，共计60个语篇，主要对其中起连接作用的名词、动词进行观察，分析这些学生在词汇衔接方面有哪些共同的特点与问题（对学生例句中的语法错误，我们做了一些修订，但并不影响本项词语研究）。

这里的研究是对名词、动词等衔接状况的研究，不是对代词"他"、"我"及"不但……而且……"等关联词语的研究。因为汉语中最重要的两类词语是名词和动词，这两类词在句子中的分工与配合形成句子内在机制的最基本的脉络，而他们在跨越小句时的衔接状况，更能反映出词汇网络的组织性与系统性。除了考察衔接的词语，也考察他们的语体色彩、风格、在词汇大纲中的难度等级等问题。

留学生常用词语衔接方式考察

留学生应用的词语衔接方式与汉语语篇中词汇衔接的方式基本一致，主要包括如下几种：

① 同词重复——后一小句重复前面提到的词语以起到衔接作用，如例21画线部分（下同）；

② 近义反义词语——后一小句以近义词或反义词来重提前面的内容作为衔接，如例22；

③ 语义类聚——包括前后小句词语的上下义关系、局部整体关系等，如例23；

④ 主题义族——以指称某种对象的词语为中心题目或主题，使用在意义、概念上围绕着这个主题形成的与其相关的一组词语，如例24。

（21）长城有很多历史。长城是秦朝开始修建的。长城很大。我觉得好像一条龙。我参观长城的时候，很高兴。那天天气很好。所以长城的风景也非常漂亮。我在长城照了很多照片。我回家以后，把长城的照片送给父亲母亲、朋友们。除了长城以外，北京有很多名胜古迹。（例句在语料库中的编号：J103 RR，下同）

（22）经济发展给一个国家带来了好处，可是另一方面也带来了坏的事儿。简单说环境污染可以造成人们得了各种各样的疾病。这是最可怕的事情，因为在短的时间可能没有影响，可是长期会慢慢地危害人们的身体。（编号：Q01500）

（23）在国外习惯了呼吸新鲜的空气的人，来到中国真的很难受。我们都知道，空气污染会影响人类的身体健康。由于北京的空气不好，很多人常常有头疼，这样的情况也会引起其他毛病。举个例子吧——感冒，我头一次来北京，没待五天，就得到感冒。所以我们常常指它“北京感冒”。（编号：Q02900）

（24）元旦早上家人问好，一起吃着传统菜，喝着白酒，聊天儿。然后一起去寺庙参拜，希望一年幸福。我们买护身符还有求签。差不多所有日本人都跟亲戚见面。一起吃饭，大人给孩子压岁钱。孩子喜欢这个习惯。孩子得到压岁钱，就去买东西。因此对孩子来说，元旦是最重要的传统节日。（编号：J121 EE）

为了更全面了解学生在语篇中的衔接情况，我们在60个语篇中对上述四种方式进行了统计。凡是语篇中同一词语在相连小句中反复使用超过三次（含三次）以上的，我们就将其看作“词语重复”，记作“1”次（因为重复是较普遍的衔接方式，故而以三次计）。其他各项只要出现两个相关词语就记作“1”。表中数字是出现这些现象的语篇数量。

表1 词语衔接特点表

	词语重复	近义反义	语义类聚	主题义族
节日类	16篇	0篇	19篇	20篇
环境污染类	15篇	2篇	8篇	18篇
旅游类	17篇	0篇	16篇	17篇
合计	48篇	2篇	43篇	55篇
所占百分比	80%	3%	72%	92%

从表1可以看出，首先，是学生的重复问题。留学生为了追求单句的语法完整，在语篇内各单句衔接时大量使用重复手段，因此，我们可以得出结论：重复作为衔接手段是无须课堂教学的，留学生可据母语的正迁移无师自通。值得注意的是，重复手段在上述篇章中甚至已经泛滥了（如有16篇出现了句句紧接的重复），已经过度使用，成为留学生语篇衔接中的一个突出毛病了。如例21短短几行，竟然出现了八个“长城”。因此，避免学生的过分“重复”反而成为了我们日后语篇教学、教材编写训练的一个重点。

其次，学生很少会使用近义、反义词语衔接。在60个语篇中，我们只发现两篇使用了这种使文章更生动、更突出主旨的衔接方式。原因之一是学生掌握的近义词语、反义词语有限，原因之二是尚未掌握，也未意识到它们在语篇中能起到衔接作用，丰富表达。

第三，语义类聚与主题义族使用情况比较好。如以下两例：

（25）我们国家是韩国。韩国的民族传统节日跟中国大部分一样。最重要和大的民族传统节日是阴历春节和中秋节。（编号：J120 EE）

（26）每年到泼水节的时候，我家常常进寺院，烧香拜佛。然后就一起旅行，吃饭，聊天，玩儿很有意思。还有两三天出去跟朋友玩儿。我们常常找一个很大的桶放在车后。开车出去跟别人泼水，谁不想湿就别出来，如果出来被别人泼水的时候也不可以生气。（编号：J115 EE）

例 25，学生会在“传统节日”下，使用“春节、中秋节”等下义词；例 26“泼水节”与“桶、泼水、湿”，“寺院”与“烧香、拜佛”等组成了一个主题词汇族。

考察时发现的问题

考察时发现的词语衔接问题，主要有如下几个：

① 词语衔接时的表达色彩问题

现代汉语中相当多的词语带有表达色彩，比如感情色彩、评价色彩、语体色彩、风格色彩等，这使得词语意义缤纷，并具有细微的区别意义。然而，由于我们的教材、教学等原因，留学生对词语色彩的把握依然问题频出。如下例：

（27）来中国以后，北京的空气污染让我真的吓了一跳。空气污染不仅对人们的身体，还有对外国人的影响也有很大的问题。至少到 2008 年的奥运会应该解决这个问题。……我希望几年以后北京的空气问题基本解决，就是很像样儿的。（编号：Q14000）

例 27 尽管文章整体写得尚可，未有明显语法错误，但词语的语体色彩却不一致，使得一个严肃的“环境问题”中，出现了很口语化的“吓了一跳、很像样儿”等词语，造成了词语色彩的不和谐，看起来滑稽突兀，严重影响了文章的感染力。如若将上述两词语改成较书面化的“惊讶”“透明、清新”，文章的整体词语色彩就一致了。因此我们教学中不仅要强调词语词义、语法上的使用，还要强调词语衔接成一个语篇时词语色彩的和谐一致，而这些，是我们的教材练习中经常忽视的。

② 词语衔接时的趋低性问题

在本小节研究中，中介语语料提供者的水平基本在中级以上（如北京语言大学速成学院 C、D 班），词汇量达到了 2000 左右的中级汉语水平。在开学分班词汇测试时，我们主要依据他们所掌握的《汉语水平词汇与汉字等级大纲》中的乙级、丙级词汇量来决定他们的班级、等级。然而在作文中，留学生使用的词汇几乎都集中在甲级，偶尔有乙级，丙级词汇极少见到。对这 60 篇文章的统计显示，甲级、乙级词汇的使用占 98% 以上，表现出明显的“趋低性”。这也是文章看起来浅显、单调、幼稚的重要原因之一。

由于限定了话题，因而笔者可以更好地观察学生所掌握的衔接词汇，并充分感受到了留学生所掌握词语的有限性。比如节日类文章，反复出现的是“节日”“传统节日”等；环境类文章反复出现的就是“环境污染”，几乎篇篇如此。很少有人使用“环境恶化”“空气污浊”“环境肮脏”等近义词语来代替“污染”。尽管教师未限定学生的写作词语，但是，不同学生的写作结果却更像一个限定词汇的作文，因为所用词语几乎相同。

统计显示，留学生在这三类话题中，词频最高的词语分别如下：

表 2　限定话题语篇中高频词语表

	节日类	环境类	旅游类
词频最高的前五位词语	节日、传统、家人、吃饭、聊天	环境污染、空气、经济发展、人类、破坏	名胜古迹、最喜欢的、历史、风景、照片

③ 词语衔接时的转换问题

留学生在衔接时不会将现有词语转换成“这次、这样”等指称用法，只是一味地重复（如例21），不会将其中的几个“长城”转换成“这个地方”、“这里”，也不会在“节日类”、“环境类”文章中使用如“这个节日、这类污染、这次旅行、那次游览”等，在语料中居然未见一例这种转换，这说明如何将名词转换成重要的语篇衔接方式“指称”用法，依然是尚未引起重视的一个教学问题。所见中高级阶段汉语教材中还未见一例这方面的训练。

2.2.1.4　中介语语篇表现汇总分析

通过对上面口语、书面语、限定话题语篇的分析，我们看到，三者在词语偏误上存在着一些共同的问题与倾向性。

共同的问题之一：词语衔接手段单一。主要表现为不会省略、不敢省略、不知何时使用替代、词语多次重复使用、不会使用指称等；

共同的问题之二：词语的趋低性使用，多用甲级词语，使得文章类似于中国儿童的作文；

共同的问题之三：语体色彩不能趋同。

三类语篇词语编误也有相似的成因。

成因之一：受限于汉语水平、词汇量，学生可选择的词语范围有限；

成因之二：缺乏明确的语篇视角下的汉语教学，尚未发现有教材从语篇连贯衔接角度，对学生成段表达、写作进行指导教学。如主语省略问题，外国学生并不知道在讲一个人的故事、未变换主语、未出现第二人物时，后面的主语可以承前省略；

成因之三：这与前面的成因密切相关。既然我们缺乏这一领域的教学，那么，对于缺乏汉语语感的外国学生来说，自然力求单句语义完整，抓住一词一用到底，心理上由于惧怕出错而拒绝或减少词语变换。

以上问题与成因用表格概括如下：

表 3 中语语篇词语偏误问题与成因

问 题	教学原因	学生原因
词语单一性、趋低性、语体不统一	缺乏对应语篇 教学欠缺 缺乏相关教材	汉语水平、词汇量限制 惧怕出错心理

2.2.2 汉语语篇词语组织与难度等级

上一小节我们分别考察了中介语口语语篇、书面语语篇以及限定话题时留学生语篇的特点，这里我们来看汉语母语使用者——儿童与成人在不同难度语篇中、在跨越各个小句（以逗号、句号等标点为界）时词语的组织情况。比如：词语的聚合方式怎样？儿童与成人语篇词语衔接特点是否存在差异？与语篇难度有何关系？儿童读物与成人读物，前后小句间词语汇集特点是否完全一致？小句之间的词语衔接标记（起主要衔接作用的词语，如例 28 中的“鸡蛋”）数目是否存在差别？

对汉语本体语篇的分析，是为了发现汉语的词语衔接语篇特征，从而给第二语言学习者提供参考，为语篇中的词语教学助力。

2.2.2.1 词语聚合特性与儿童 / 成人语篇难度关系

一个语篇是不是在语义上表现为整体，往往取决于语篇内部各小句之间语义的联系程度。而在某些情况下，句子间的语义连贯属性是通过分布在不同小句内部的一些词语的共同语义特征维系的。这类词语的相对集中，是保证语篇主题一致的重要条件。那么，不同阅读难度等级的语篇中，其词语的聚合特点是否相同呢？儿童读物简单易读是否还有词语聚集方面的原因？

对外汉语教学中，常感觉留学生的中介语语篇近似我国儿童，因而，这里我们以中国儿童小学三年级的语文课本为语料，同时对应比较成人阅读的《读者》中的段落，来考察下词语汇聚时各自的特点：

（28）赵老师笑着告诉我们："把鸡蛋整个捏在手掌心，鸡蛋的四周都受到力，力量分散，所以怎么捏也捏不碎。要是换一种方法，鸡蛋就容易捏碎了。"说着，他捏紧鸡蛋，用大拇指使劲一按，鸡蛋一下子被捏碎了。（小学《语文》课本第六册）

（29）古生物学家告诉我们，恐龙的祖先原本都是小个子，经过亿万年的不断发福和长高后，他们终于变成了生命史上最庞大的动物，然而这也使他们走上了穷途末路。今日世界上的大象、大熊猫，当初都曾有灵活小巧的身躯，但随着它们一代代自我膨胀，结果渐次沦落为目前稀有的动物。（《读者》2003 年 9 期）

我们很容易就看出这两段话词语汇集使用上的区别。例 28 各个小句间大量使用重复手段连接，"鸡蛋" 重复 5 次，"捏" 用了 6 次；例 29 则使用了三种不同的词语聚合方式：一是语义相近词语（以 "…" 来表示），如 "发福" 和 "膨胀"；二是反义词语（以 "—" 来表示），如 "小"、"小巧" 和 "庞大"，"今日" 和 "当初"；三是语义类属（包括上下义关系、局部整体关系等）词语（以 "~" 来表示），如 "古生物" 和 "恐龙"、"动物" 和 "大象、大熊猫"。也就是说，儿童与成人读物，阅读难度不同的作品，在词语的聚合时表现出了各自不同的特点。

为了进一步说明问题，我们分别抽取字数相当的儿童、成人读物中完整的自然段落各 20 个（合计 40 个），以此为考察单位，统计观察其不同的主干词语的聚合特点（不包括表指称的代词）。词语的统计分类兼顾了语篇难度等级，按照常见的、作用突出的、覆盖面广的词语聚合方式进行了如下几种划分：

跨小句时的词语重复使用、同义 / 近义使用、反义使用、语义类属使用等。如果所考察的词语在前后小句中出现了一次重复就记作“1”，两次重复就记作“2”，其他种类也依次类推，结果如下：

表 4　儿童读物与成人读物词语聚合特点对照表

	词语重复	同义 / 近义词语	反义词语	语义类聚
儿童读物	72	2	1	8
成人读物	24	11	18	11
两者之比	1∶0.33	1∶5.5	1∶18	1∶1.38

从表 4 可以看出，第一，成人读物使用的词语重复数明显少于儿童读物的词语重复数。儿童读物在具体段落中，各小句间大量使用词语重复方式来衔接语篇，以达到语义上的连贯。此种方式大大降低了阅读难度，使儿童在阅读解码中更加直观。儿童读物使用重复数与成人读物使用的重复数之比仅为 1∶0.33，即成人读物中使用的重复数为儿童的三分之一。也就是说，词语以“重复”方式聚合是儿童读物的突出特点，而非成人读物的主要特点。

第二，成人读物更多使用近义、反义方式聚合词语。儿童读物与成人读物使用近义、反义词语数量之比分别为 1∶5.5、1∶18，可见，成人读物在近义、反义词语的使用数量上远远高于儿童读物。一段文章中近义词的使用，实际上是在相近语义的不同表达方式中进行词语选择，它兼顾了词语风格、词语色彩等因素，增强了表达的丰富性，避免了重复的烦琐性；恰到好处的反义词语的使用提高了文章的表现力度。两者都会使文章更具感染力。

第三，成人读物与儿童读物在含语义类聚性质的词语使用方面差别不明显。儿童读物与成人读物使用量之比仅为 1∶1.38，说明这是段落中常用的词语展开、组织方式，与语篇的阅读难度等级未见明显关系。

我们将本体的情况与留学生的例 17 相对照后发现，留学生的词语组织构建存在重复性、单一性问题，前面中介语语篇例示以及对中介语语料库的观察也表明了这一点：中高级阶段留学生语篇中的词语聚合表现更接近中国儿童读物中显示出的情况（如词语的大量重复），这也便是留学生作文显得简单幼稚的词语方面的原因之一，也是我们比较儿童读物与成人读物聚合词语的特点的缘起。可以这样说，留学生汉语语篇水平提高的过程，从词语聚合特点上看，就是由儿童语篇向成人语篇进军的过程，因而，我们必须关注成人语篇的词语衔接特点，为对外汉语语篇教学提供参考模板。

2.2.2.2 词语的衔接标记间距、标记数与儿童 / 成人语篇难度关系

上面从语篇整体性方面对不同难度语篇中的词语组织方式进行了分析。那么，从词语衔接标记间距（本次出现与上次出现的距离）上、标记数（与上一句衔接时作为标记的词语的数量）上来说，儿童读物与成人读物的表现是否相同呢？继续看下面的例子。

（30）西沙群岛也是鸟的天下。岛上有一片片茂密的树林，树林里栖息着各种海鸟。遍地都是海鸟蛋。树下堆积着厚厚的一层鸟粪，这是非常宝贵的肥料。（《语文》课本）

（31）几年前发生的美国青年在新加坡撒野受鞭刑的事，我觉得当事的两个国家都了不起。一方面美国总统亲自出面为本国公民求情，可见国家对国民的重视；另一方面新加坡偏不理这个茬，鞭子照抽。（《读者》）

例 30 中，每一句的主要词语都承接着上一小句。①（表示“第一小句”，下同）岛→ ② 岛……树林 → ③ 树林……海鸟→ ④ 海鸟蛋→ ⑤ 鸟粪→ ⑥ 肥料。词语的衔接非常紧密，由第二句的“岛”承接第一句的“岛”进而引出“树林”。由第三句的“树林”承接第

二句的“树林”进而引出“海鸟”，依次类推。前后相连，环环相扣，所有小句均平面式展开。

例 31 则不同，主要说“鞭刑”，最后小句没有直接出现“鞭刑”，而是以“鞭子”、“抽”这些作者认为阅读者已知的背景知识词语与其衔接，中间跨越了多个小句，词语聚合相对松散。显示为：①鞭刑→②……③……④……⑤……鞭子照抽。

对小学语文课文观察发现，儿童读物中，起衔接作用的词语几乎是句句紧接，最多中间跨越一个小句（如上面的“鸟”，第一句与第三句），衔接标记间距明显低于成人作品；小句之间词语衔接的标记数（如第二句中的“树林”、第三句中的“海鸟”）也多是一个，更符合儿童的认知特性，即以一个骨干词语不断调动吸引其注意力。而成人读物词语衔接时跨越的小句数量常为一个以上（如“鞭刑”例），搜集到的语料显示最多跨越 9 个小句（如例 32），而且词语衔接的标记数也不仅仅是一个：

（32）一个美国人形容他在中国第一次吃饭的感受，像听交响乐。上完冷盘，他以为这就是全部，他心想中国人块头小，饭量小是可以理解的。后来才知道这只是序曲。热菜一个个上，中间几个大盘子是重要的配角，可以理解为主旋律的几次变奏，最后大菜终于出场。他说中国菜和交响乐的区别在于，他无法准确预测高潮的到来。(《读者》)

这里“交响乐”前后出现两次，中间跨越 9 个小句，存在相当的间距。这种现象在儿童读物中未曾出现。另外，整个语篇中清楚地贯穿着两个词语衔接标记：“吃饭”和“交响乐”，末句又以“中国菜”和“交响乐”与之呼应，中间穿插了词语的语义类聚方式，频现表整体、部分的词语。以图显示就是词语横向、纵向的交互对应：

中国菜——→冷盘——→热菜——→大菜
↓　　↓　　↓　　↓
交响乐——→序曲——→变奏——→主旋律（高潮）

这样的词语组织方式使得文章如同一个立体的网络，而非儿童的平面式、线式铺展，是符合成人认知特点的一种词语组织方式。概括起来说，即成人语篇衔接标记间距远、数量多、跨度大，更立体编织，而儿童语篇基本相反，平铺单一。

因此，在不同难度等级的语篇中，词语的衔接标记间距、标记数之所以不同，是因为它要适合各自阅读对象的语言理解能力。

那么，在这方面，中高级阶段留学生的表现又是如何呢?

（33）在大津有一个日本最大的湖，名字叫琵琶湖。在琵琶湖有很多水产资源。特别值得一提的是用水里一种鱼做的寿司。这个寿司受到日本的美食家们的欢迎。有机会请尝尝吧。（日本学生作业）

六个小句中，词语紧紧相衔接：①湖→②琵琶湖 →③琵琶湖……水产资源→ ④ 水……鱼……寿司→⑤ 寿司→⑥尝尝。这些词语一环套着一环，衔接标记间距紧密，词语标记单一。可以看出，留学生的词语间距、平铺方式更接近于中国儿童读物中的情况。对前面中介语语篇以及其他留学生作文的观察也表明，留学生很少会使用中国成人读物中的纵横式、立体式词语组织方式。这是留学生作文简单易读的词语方面的解释之二，同时也充分说明了在语篇中解读、学习词语、向立体网络迈进的迫切性。

以表格归纳本小节则为：

表5 成人与儿童语篇对照表

	衔接标记间距	标记数	语篇构成网络
儿童语篇	近，紧密相连	基本一个	平面的、平铺的、单一的、线性的
成人语篇	远，可以跨越多个小句后找回	多个	立体的、多交叉的、跳跃的

2.2.2.3 儿童、成人语篇与外国学生中介语语篇关系图示分析

根据前面的分析，我们制作了三者关系图（见图1）。

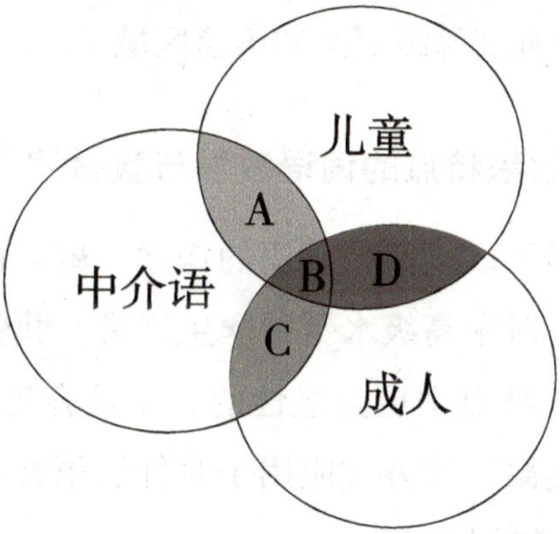

图1 儿童、成人语篇与外国学生中介语语篇关系

A区为儿童语篇与中介语语篇交叉部分，这一区域表明，在衔接词语简单重复、词语间距、词语平铺方式上，中高年级留学生中介语语篇与母语为汉语的儿童，具有一定的可类比性。

中介语语篇未交叉部分，是二语习得者的语篇偏误区域。

D区为儿童与成人语篇交叉部分，这一区域表明，在语义类聚方面（如以"草原"为主题的作文使用了"蒙古包、骑马、羊肉"等词语），两者差异不十分显著，有一定叠加关系。但随着成人语篇难度的增加（如专业性增强），与儿童语篇的叠加区域会有所减少（成人语篇在此仅以《读者》类普通读物为例）。

C 区（中介语与成人语篇二者叠加部分）和 B 区（三者叠加部分）是二语习得者由中介语逼近母语使用者的区域，也是儿童一语习得者的高级区域（B 区）。其汉语句子表达流利，小句衔接连贯自然，词语组织运用更加自如，语篇布局组织更加灵活，这种谋篇能力与成人语篇可以媲美，是语言习得的高级阶段，也是教学目标区域。

语篇发展趋势图可以表示为：中介语区域（未交叉部分）→ A 区→儿童区域（未交叉部分）→ B 区、C 区、D 区→成人区域（未交叉部分，成人的难度等级更高的语篇区域）。

2.2.3 基于词语组织特点的词语教学与教材编写

前文已经指出了成人读物词语的构建、聚合情况及其与儿童读物的差异，那么，对中高级水平留学生来说，我们可以尝试把中国成人读物词语组织特点中更为显性的、比较容易操作的“同义 / 近义、反义、语义类聚”等方式应用于对外汉语教学中，尽快提高留学生的词语解读、组织能力。

下面以目前使用的对外汉语教学课本《汉语阅读速成》（以下简称“阅读”）为例，对其词语构建特性进行解读、分析。构建与解读实际是一个问题的两个方面：构建是语篇的编码过程，解读是语篇的解码过程。在这里，词语不再是孤立的，而是语篇网络中的一个个节点，彼此之间或相近、或相反，或为上下义，或为整体与部分的关系，词语组织更加立体化，这种解读是为了更好的应用。

2.2.3.1 利用词语的同义 / 近义聚合方式解读词语

请看下例：

（34）北京的出口特点是：进料加工贸易仍是进口<u>主体</u>，一般贸易出口增长快。三资企业是高新技术产品出口的<u>主力军</u>。

计算机与通讯技术产品是出口大户。其中通讯类特别是移动电话成为计算机及通讯类产品出口的主导力量。（“阅读”，原文来自《人民日报》，下同）

（35）北京的博物馆越来越多。80 年代，每年有三四座博物馆出现；进入 90 年代，每年都有六七座博物馆问世。

例 34 聚合了“主体”“主力军”“大户”“主导力量”等语义近似的词语，同一语义的词语的不同表述方式在此做了集中展现。不仅丰富了表达手段，而且也使相同语境下的这些词语更容易解读。“主体”的意思清楚后，后面的词语，阅读者（留学生）很容易就能破解了。成人读物中这种词语聚合方式，使得学生不仅在极短的小文中接触了新词如“主力军”、“大户”、“主导力量”，更集中学到了该词语“主体”的大量近义词，事半而功倍。例 35 同理。可用已学的甲级词语“出现”解读新词语“问世”。

近义类聚的优点主要是：第一，学习者往往不必查阅词典便能猜测出新词的含义；第二，增强了阅读兴趣与词语学习的成就感。

2.2.3.2　利用词语的反义聚合方式解读词语

反义聚合也是成人作品中的一种常用方式，试观察下例：

（36）每当我睡不着的时候，就静静地数数儿。这个办法起初很灵，后来就不行了。

（37）我们缺什么？一是缺清净的环境。我们的城市太嘈杂，噪音对人们的身心造成很大的影响。

（38）中国人过苦日子的时间太长了，富裕一点儿的日子到来后，很多人没有什么思想准备，特别容易满足。

例 36 中，“后来”、“不行”是词汇大纲中的甲级词，留学生较早就学过。“起初”、“灵”没学过。但“起初”与“后来”相对，可释为“开始”；“灵”与“不行”相对，意为“有用”。后面两例猜测

“嘈杂”、“苦”的词义，学生很容易找出他们的对立词语“清净”和“富裕”。

阅读课上大量的生词曾经让学生对新词语产生了畏难情绪。这种词语反义聚合的使用，有这样的优点：第一，学生可以更为轻松地学习新词；第二，掌握反义对应关系，学到的是“词语＋反义关系”，词语学习的内涵丰富了，分量加重了。

2.2.3.3 利用词语的语义类聚、主题义族方式解读词语

语义类聚特性可以使阅读者更清楚地掌握词语之间的整体与部分的关系，上义与下义的关系，相同、相近的词语构成了主题义族。试观察下例：

（39）在物质文明不断发展的同时，人们在饮食方面也越来越讲究了。然而同时人们也发现了许多莫名其妙的疾病：过敏症、哮喘病患者越来越多。更有一些人，一旦出门在外，不是患腹泻就是患肝炎。

（40）现在人们一提到健康，往往只是考虑健身，而没有把健脑考虑进去。

例 39 图示为：

疾病	过敏症
	哮喘病
	腹泻
	肝炎

例 40 图示为：

健康	健身
	健脑

例 39 中四种疾病名词同时出现在“疾病”项之下；例 40 也清楚地将“健康”做了细分。这种教学方式的优点是：第一，阅读者

此时学习到的是一个词语网络，是词语的分类和相关性；第二，在这种网络中掌握的词语，阅读者对其语义的理解会更加清晰、全面。

2.2.3.4　对教材编写的启示

以主题义族为线编写写作教材

在教材编写中，可以继续强化主题义族这方面的训练，将词汇表中的词语以主题义族为线进行编排，以期获得更满意的写作效果。

比如，中高级班所学的环境污染的文章，不但要有"环境污染、空气污浊、污水排放"等主谓结构词语，还要有相关的动宾词语，如"破坏环境、治理大气、净化水源"等系列相关词语。

再比如介绍大学教育的文章，就最好出现"高校、教师、教授、学费、就业"等系列词语。目前我们的某些教材、课文，一些词语表现出"离散性"，在课文中一闪就不再出现了，缺乏系统性，学生不易学习，也不易记忆、运用。

以近义、反义等词语为特点编写教材

语篇中近义词、反义词的使用是学生的薄弱环节，需要特别的强化训练。依然以前面环境保护为例，编写课文时，若文中前面出现了"破坏环境"，那么后面就应出现反义词语"保护环境"；若前面出现"人类无节制地毁坏森林"，后面衔接时就不必单纯重复"毁坏森林"，可以以近义词语"破坏森林"或"肆意地毁林"等形式出现。比如下面这样的文章就很利于教学：

（41）黄河上修建水利工程，有利，也有弊。历史上，黄河曾经到处泛滥，然而今天，在中下游却出现了干涸的局面。（《人民日报》1995年8月）

"利"与"弊"、"历史"与"今天"、"泛滥"与"干涸"都是整齐相对的，这样的好处是：第一，同样的课文含量、教学时间，学生学到了更多的反义或近义或语义类聚等词语，有效教学时间内，教学容量在无形中加大了，事半功倍；第二，教师更容易操控课文，传授更多语篇知识。无论是专讲词语的综合课，还是阅读课、写作课，教师有更多的内容、技巧可以教授给学生。可让学生进行词语猜测，也可寻找反义关系、近义关系，也可启发学生使用此种方式写作。长此以往，可改变学生 HSK 水平七级八级，而写作水平仍停留在三级四级的状态。这要求教材编写需相当地审慎，尤其要关注词语的使用，语料的选取有了更多的限制。

教材中创建词汇色彩对应表

前面谈到了汉语中许多词语具有丰富的色彩，这些含态度色彩、情感色彩、语体色彩的词语，无疑是留学生写作、表达中的难点。目前大多数学生停留在“褒义贬义”词语的关注上，但仅仅这些还难以形成一篇流畅的美文。学生在写作时并不太关注前后衔接词语色彩的一致性。比如，作业中会出现这样的语篇：

（42）妈妈每天在家里忙，打扫卫生，买菜，做饭，还有照顾我们。父亲去公司工作，很晚回来，他工作很忙。一家人每天都很开心。

学生用“父亲”去衔接前面的“妈妈”。文章并无语法错误，但语体色彩不一致，是用正式用法“父亲”衔接口语用法“妈妈”，读起来别扭。但外国学生意识不到这个问题。再有：

（43）这家饭店很有名，以它的好吃的东西吸引了大量的顾客。

“以”结构是书面语的、正式的，与非常口语化的“好吃的东西”难以搭配，这里就是词汇色彩的不和谐问题。应该把“好吃的东西”改成书面化的“美食”，前后风格就一致了。尽管“美食”一词课堂上刚刚学过，也讲过是书面语用法等，但由于是非母语，学生的语言敏感度较低，因而这种“一致性”问题仍需不断地强调、强化。所以，我们很有必要在教材后面添加一项本课本词语色彩对应表。例如：

风格色彩方面：可以列出书面语体词语—口语语体词语，比如：父亲—爸爸、抵达—到达；科学风格词语——般会话词语，比如：马铃薯—土豆。

评价色彩方面：褒义色彩词语—贬义色彩词语，例如：聪明—狡猾。

态度色彩方面：正式词语—非正式词语，例如：谈话—闲扯、聊天等。

有了这些，学生就不至于在写作中，以“父亲”去衔接前面的“妈妈”了，会留意语体风格的一致性。

2.3　作为指称、照应的代词和名词的偏误表现

2.3.1　指称与照应

所谓指称是指语言形式和它所代表的人、事物、行为或特性之间的关系。从词类角度通俗地讲，就是解释名词（noun）或代词（pronoun）和用他们来命名的具体目标对象（object）之间的关系，这里所提到的目标对象被称作文字的“指称对象（referent）”。如例44中的“这”指称“杂拌儿”，“他们”指称“大人们”，“男人们”之后，出现了空位，为“零形式指称”。

（44）　在有皇帝的时候，学童们到腊月十九日就不上学了，放年假一月。儿童们准备过年，差不多第一件事是买杂拌儿。这是用花生、胶枣、榛子、栗子等与蜜饯掺和成的。孩子们喜欢吃这些零七八碎儿。第二件大事是买爆竹，特别是男孩子们。恐怕第三件事才是买各种玩意儿——风筝、空竹、口琴等。

孩子们欢喜，大人们也忙乱。他们必须预备过年吃的喝的一切。他们也必须给儿童赶做新鞋新衣，好在新年时显出万象更新的气象……男人们在午前就出动，0到亲戚家，朋友家去拜年。女人们在家中接待客人。（老舍《北京的春节》）

上面的指称主要涉及名词、代词、零形式，这也是现代汉语叙事故事中常用的三种指称方式，我们分别简要地记作N、P、0。

指称可以指具体的、单一的名词、代词，也可以指称一句话；有些很容易找回，有些需要依托整个篇章上下文去提炼。如：

（45）人类语言的特点就在于能用变化无穷的语音表达变化无穷的意义。这是其他动物办不到的。

“这”的实际意义是“用变化无穷的语音表达变化无穷的意义”，这里是指称一句话。

（46）一个人在逆境中，最可宝贵的就是要对前途充满希望。只有这样，才能发现与困难斗争的方法。

“这样”的实际意义是“对前途充满希望”，也是指称一句话。

（47）贾岛的苦吟，实际上是在炼意、炼句、炼字等方面都用了一番功夫的，而这些又都与作品的思想内容和时代分不开。首先我们看到贾岛非常用力于炼意，因而他的作品具有引人入胜的意境。有了好的意境，然后还必须保证这种意境能够在字句上充分表达出来。就好像完全出于自然一气呵成的样子。由此可见，所谓苦吟只是就作者用功方面说的，至于从读者方面说却不应该看出作者的苦来。贾岛有许多作品都可以证明这一点。

例47中“这一点”是“虽然苦吟，反复推敲，却很自然，似乎一气呵成”。这里的指称需要通过上下文的意思去归纳。

在语言表达中，当一个人物或一种事物第一次被引进语篇时，多以名词的形式出现，再次出现时，往往以同指的代词或零形式来指代这个名词，这就是我们所说的代词照应和零形式照应。通过使用不同的指称，使得这些名词、代词、零形式前后照应，最后文章上下衔接连贯，成为一体。可以说，照应是从语篇衔接连贯功能上考虑时所使用的术语，多样指称的同时形成了照应关系。

代词照应、名词照应和零照应是语篇照应的三种主要形式，这三种形式交替使用是语言表达中经济、明确原则的需要。

在对外汉语教学中，受限于外国人的汉语水平，照应偏误还基本表现在单一的名词、代词或者零形式上。

2.3.2　作为指称、照应的代词和名词的偏误表现

2.3.2.1　代词照应缺失

在成段表达时，顾头不顾尾，缺失照应代词，是中级水平留学生依旧出现的问题：

（48）在韩国，有许多有钱人的子弟小时候没有挨过父母的打，但长大以后，在科学方面都很活跃。现在有（这样的）问题：学生大部分都挨老师和父母的打，打得非常厉害，这样的孩子大部分离家出走，成为社会废物。

上例中，“现在有问题”这一句看不出与上文、下文的联系，游离于篇章之外。但仅加上指示代词“这样的”，变成“现在有这样的问题”，便使该句与下段浑然一体。

2.3.2.2　名词照应泛化

（49）朴尽美在家里是个贤惠的妻子，朴尽美做家务做得好，照顾家人照顾得好，朴尽美真是里里外外一把手。

（50）我在北京交了一个中国朋友，有一天，是中国朋友的生日，可是我不知道买什么生日礼物给中国朋友。

例 49 中，第二个“朴尽美”可以改成“她”来照应，第三个“朴尽美”完全可以省略；例 50 中除首次出现的“中国朋友”外，后面的也可以换成“他”，又简洁，又清楚。

2.3.2.3 代词照应泛化

如上文中的例 18：

他的皮肤不太好，脸上有疤痕。他的视力也不好，所以他戴了很厚的眼镜。他的眼睛看起来很朦胧。

第一个“他的”已起到了对后几句的管界作用，后两个“他的”因此可以省去，否则就是代词的泛化使用。这里也反映出了零形式使用上的不敢、不会的问题。留学生过于强调单句的完整，而忽略了零形式恰恰在某种程度上能保证语篇的连贯，零形式是对同一主题叙述时句际间相互联结的极有效的手段。

2.3.3 偏误框架比对分析

2.3.3.1 中介语与汉语母语使用者比对分析

对于初、中、高级水平，代词、名词、零形式使用中偏误的情况，有学者做出了统计分析（肖奚强等，2008，以下数据分析主要来自肖奚强等的研究）。研究者以一万字语料为观察对象，分别考察初、中、高各级的中介语语料中的偏误和母语使用者使用情况，之后列表做出对照分析，结果如下：

表 6 中介语语料和本族人语料名词、代词、零形式使用情况对比

	初级	中级	高级	本族
名词照应	114	137	146	209

续表

	初级	中级	高级	本族
代词照应	687	672	611	527
零形式照应	198	214	276	395

我们可以看出，外国学生尽管可以在篇章中交替使用这三种照应形式，但在使用数量上与本族人还不是完全一致，主要有以下几个特点：

第一，使用频率方面，三个等级的外国学生与本族人使用三种照应形式的情况基本一致，用得最多的是代词照应，其次是零形式，使用最少的是名词照应。表示为：

代词照应 > 零形式照应 > 名词照应

第二，外国学生在篇章中使用代词照应的数量高于本族人，年级越低这种情况越严重，随着年级升高有所缓解，但总体仍高于本族人的代词使用数量。表示为：

代词照应（外族人）> 代词照应（本族人）

初级代词照应量 > 中级 > 高级 > 本族人代词照应量

第三，中介语语料中的名词照应和零形式照应存在用量不足的现象，虽然外国学生对这两种照应形式的使用从初级到高级是一个逐渐上升的趋势，但仍低于本族人的使用量。其中零形式照应使用不足的现象更为明显。表示为：

本族人零形式使用量 > 高级 > 中级 > 初级汉语学习者

2.3.3.2 零形式误用对比分析

表 7 不同水平的学生零形式误用为代词对比表

	初级	中级	高级
代词照应总例	687	672	611
零误为代	145	122	84
比例 (%)	21.11	18.15	13.75

从表 7 我们可以看出，第一，初级阶段的外国学生将零形式照应误用为代词照应的情况比较严重，也就是说，在篇章中的 687 处代词，有 145 处是冗余的，偏误率是 21.11%，中级阶段的偏误率为 18.15%，这也是初中两级代词使用数量偏高的原因所在，即代词泛化现象；第二，高级阶段的外国学生此类偏误有所减少，偏误率降到了 13.75%。

2.3.3.3 代词误用对比分析

表 8 不同水平的学生代词误用为零形式对比表

	初级	中级	高级
零形式照应总例	198	214	276
代误为零	43	52	72
比例 (%)	21.72	24.30	26.09

从表 8 我们可以看到，第一，外国学生在初级阶段是慎用零形式照应的，过于追求单句的完整；第二，随着年级的升高，外国学生的汉语表达水平有了一定的提升，使用零形式照应的数量也有所增加，与此同时，偏误率与初中级相比也随之升高了。

上述结论与我们平时教学、语料观察基本一致，口语、写作等成段表达中，可以借此有针对性地进行教学。

2.3.4 偏误成因分析

2.3.4.1 主观因素

第一是认识问题。输出流畅的语篇固然需要一定的语篇知识，语篇驾驭能力，然而，学习者对这一使其产生错误的语言形式的主观看法也至关重要。当问及学生“正确的句子＋正确的句子≠流畅的文章”、“你对单句都对、一段话一段文章让人读不懂怎么看”这些问题时，有些学生说，“没有注意整段的问题，只是看一个个的句子对不对”。还有些学生对此表示怀疑，“这可能吗”。由此可见，外国学生对语篇的重视程度较比对句子还远远不够。

第二是心理问题。上述中介语例子均取自成年留学生的作业作文等。本来其母语能力会在某些方面对其产生正迁移，但由于“惧怕出错”反倒越发暴露出不足。像有些句子，主语“他”铺天盖地，学生解释说，如果不用主语，害怕别人听不懂，觉得没有主语的句子是错句。这种心理很具普遍性。其实，这些偏误者多为日韩学生，其母语中主语常大量省略。

2.3.4.2　客观因素

目前相关语篇问题研究不足，或者已有的研究未能及时体现在教材编写上，外国人仅凭语感解决这类问题，其困难可想而知。

2.3.5　作为指称、照应的代词和名词的本体表现

2.3.5.1　汉语指称方式

用名词 NP 结构指称

（51）马林生离开一地污水充斥着尿臊味儿的厕所，穿过昏暗的堆满牛皮纸包装的书籍的走廊，来到因开着日光灯显得凄怆的书店营业厅。（王朔《我是你爸爸》，下同）

（52）马锐不属于优生，就是说他的孕育是在马林生和他当时的妻子的意料之外的，缘于一次小小纰漏，纯粹是因为他们的心慈手软一拖再拖终成既成事实。

上两例中“马林生”、“马锐”为 NP 结构，作者为加强读者理解，在初次出现该人物时，多以名词性结构指称。

用名词 NP、代词 P、省略等交替指称

在大段语篇中，出现名词指称后，为避免重复、拖沓，以及经济原则，后面多以代词、零形式等交替指称，如下例：

（53）马林生住的这种老式四合院平房没有完善的卫生设施，只在院当间有一个自来水龙头，一个共用水表，谁要用水全院人盯贼似地盯着，因而他不能畅快淋漓地洗，0 只能端盆水回屋，像个月子里的女人门窗紧闭擦拭。

（54）马林生如同插在书架上的书，0 被紧紧贴挤在两扇脊背之间，0 透过薄薄的衣衫，他甚至能数清对方身上有多少块骨头脊柱排列是否垂直。

黄南松（2001）通过对 37 篇微型小说指称形式的分析，发现在所统计的语料中只出现一次的生命体单位有 37 个，他们全部采用 NP 指称。既然篇章中仅出现一次的生命体单位都采用 NP 形式，出现两次或两次以上的超过 92% 也都采用 NP 形式，那么，可以说叙事体篇章中指称的建立强烈倾向于采用 NP 形式。

2.3.5.2 汉语指称延续特点

前面谈到了汉语指称的确立多以 NP 为主，那么指称延续（maintenance of reference），即在语篇中，后续小句是如何使得读者明了该句子的生命体是谁呢？是如何延续前面小句的指称的呢？下面的例子告诉我们，NP 确立指称后，顺延小句多以代词、省略等方式指称，也有重复原来 NP 的，这些衔接方式穿插进行，构成一个连续体：

（55）马林生踱出书店门，由于他拉门的手势过于优雅，0 出门后又未能及时闪到一旁，装有上好弹簧合页的玻璃门相当有力地迅速弹了回来，门框在他背上近乎粗鲁地一推，他踉跄冲下台阶。同昏暗、冷清的书店店堂相比，外面的大街既明亮又热闹。

例 55 就是先介绍“马林生”，之后出现了省略，后面又以“他”来交替延续对前面主人公的指称。而下例是只有一次的延续，如：

（56）马林生穿行而过，0目不斜视状颇麻木。

（57）有了自己的车，他可以不再受拴车的人们的气，0也无须敷衍别人。（老舍《骆驼祥子》）

我们发现，在后续小句延续一次时，小句多以承前省略方式（零形式）指称。黄南松（2001）发现，叙事语篇中，一次延续的后续小句，60% 使用省略方式。他的结论与我们平时的语料观察十分吻合。两次或以上的延续小句，情况较为复杂。若以省略形式出现，省略小句一般多以连续二至三个为常，不会出现跨越多个小句的、远距离的零形式使用。

这个统计结论比较容易理解，即大段的语篇中，为保证读者对小句指称的理解，在跨越几个小句没有出现明确指称时，作者必然要使用 NP 或者代词 P 结构进行重提或指代，以确保阅读者正确理解文旨。

综合数据统计，现代汉语叙事体语篇中的指称规律基本为（黄南松，2001）：倾向于运用 NP 来建立指称，首先运用零形式，接着运用 NP/P 来延续指称。常用模式可表示如下：

NP……，0……，NP/P……（省略以出现二至三次为常见）

NP……，P……，0/NP (P 以出现一、二次为常）

关于后面一种模式，即代词的出现频率、跨越小句数量问题，笔者据语料观察，发现与小说题旨有关。如老舍的《骆驼祥子》，以祥子为叙事主体与观察对象，因而小说中出现了大量的代词“他”，因为这里类似大段的白描，没有新的 NP 人物出现，故可以连续地、跨越多个小句地、大量地使用“他”：

（58）但是，他下了决心，一千天，一万天也好，他得买车！第一步他应当，他想好了，去拉包车。遇上交际多，饭局多的主儿，平均一月有上十来个饭局，他就可以白落两三块的车饭钱。加上他每月再省出个块儿八角的，也许是三头五块的，一年就能剩起五六十块！这样，他的希望就近便多多了。他不吃烟，不喝酒，不赌钱，没有任何嗜好，没有家庭的累赘，只要他自己肯咬牙，事儿就没有个不成。他对自己起下了誓，一年半的工夫，他——祥子——非打成自己的车不可！是现打的，不要旧车见过新的。

我们上面提供的是一种倾向性的结论，语篇问题复杂，涉及因素众多，如语义制约、衔接特点、行文笔法等，难以列出绝对的规律，只是为外国人习得汉语语篇提供来自本体语料的参考。

2.4 不同国家学生的词语衔接问题

目前对外汉语教学的留学生来源，超过了一百多个国家，但从大类上，主要分为来自美国、英国、澳大利亚的英语国家、日韩国家、东南亚国家等。不同的母语背景，对留学生习得汉语时是否会产生不同的影响？其正迁移、负迁移是否一致？词汇衔接表现是否一致？这些都是本小节要关注的问题。下面便根据已有成果，对此进行归类、分析。

2.4.1 英语国家学生的词语衔接问题

有学者（陈晨，2005，1；2005，3）依托英语国家学生作文，对学生篇章中衔接连贯问题进行了较为细致的研究。所用语料是

500篇作文，约25万字，样本很大，属于大规模的中介语语篇分析（以下例句来自陈晨）。学生来自中国人民大学和英国杜伦大学(University of Durham，U.K.)，水平为中高级（中文专业二年级及以上）。

通过量化统计，发现学生在学习汉语篇章连贯时词汇方面产生偏误的主要症结在以下几个方面：

第一，省略问题，尤其是与主语名词、代词有关的省略问题（例59、例60、例61）；

第二，关联词问题（例62、例63、例64）；

第三，词汇复现问题（例65、例66、例67）。

下面分别举例说明：

（59）我十五岁时，我父母带我们回到了英国。然后，我爸爸来中国工作，所以我也有机会去中国看一看。我姐姐和我都爱旅行。这可能和我们小时候的经历有关。

（60）我要坐两班飞机才能到我的男朋友居住的城市。坐飞机的时候，我特别紧张，我吃不下饭，我睡不着觉，我看不了书，我只能跟别的旅客谈话。

（61）三个星期以前，我跟一个朋友去了山海关。我们在那儿住了三天。虽然那三天很冷，但是我们玩儿得很高兴。( )天很蓝，很晴朗，风景也特别漂亮。

例59、例60是主语代词的泛化，应该省略而没有省略，例61是不该缺省的名词“山海关”/代词“那里”被省略了。

（62）挪威风景秀丽，北部常年有雪。另外，人们也吃很特别的东西，比如说大鱼头；还喝自己酿造的口味独特的白酒。( )这是一个很值得看看的地方。

（63）我认为要保持公共场所的卫生最重要的是要对公民进行教

育。( )公民没接受这种教育，他们怎么可能知道要这样做呢？

（64）英国小孩儿越来越胖，这种情况真的跟他们看电视太多有关系。有时，他们宁肯看电视，( )不跟小朋友一起玩。

例 62 应有对前面的总括词语，“总之、总而言之、总体来说”等；例 63 应加入“如果”；例 64 与“宁肯”相连的是“也”。关联词语使用不当，影响了表达的完整性，也影响了逻辑的严密性。

（65）窗外三个小孩正在堆雪人，这使我想起了我的童年。我抽（着　注：笔者添加）烟，品着奶茶，心里感觉很舒服。下午，我和同学一起去了颐和园。我们把那里美丽的风景画了下来。那时候，我们都没说话，但心里很舒服。

（66）我在云南的时候，看到了一些少数民族的生活情况。我见到的少数民族是白族和纳西族，我想介绍的是后一个少数民族。

（67）我不喜欢买彩票。我宁可努力工作多年，来挣一百万，也不想每个星期都做梦靠彩票发了大财。我总觉得买彩票是不好的习惯，所以很少买彩票。

例 65 重复使用词语“舒服”，感觉拖沓而且词汇贫乏；例 66 出现了太多的“少数民族”，过分复现而没有使用其他替代方式或者省略方式来衔接小句；例 67“买彩票”问题与前一例相同，词汇过度复现、重复，而不会使用其他衔接方式而造成了小句衔接的脱节。

量化统计后，发现省略方面的偏误占已统计偏误类型的 79%，问题最多；在省略中最突出的是主语省略不当，其次是定语省略不当，其具体表现为：做主语的代词的缺省、多余，表领属关系的代词定语多余以及表确指的指示代词定语的缺省。

关联词语方面，主要是少用、避用、错误搭配问题，说明教学中应加强关联词语的背诵、记忆与运用操练。

词汇复现方面，主要是过分重复原词，说明学生词汇总量有待进一步提升，有效词汇（即能在口语、写作中使用的词汇）范围有限。

2.4.2 韩国学生的词语衔接问题

2.4.2.1 表指称的人称代词、名词与指示代词的使用情况

曹秀玲（2000，4）通过对学生 36 篇命题作文、共计 35900 字的分析，考察了韩国学生的指称问题。下面我们对韩国学生使用人称代词、名词、零形式等指称方式时出现的问题进行观察（例句来自曹秀玲）。

人称代词、名词的使用情况

人称代词、名词是最基本的指称方式，而留学生在此方面问题较多，如：

（68）我来到中国以后最吃惊的是他们每个民族都很好地保留着他们的风俗习惯。到延边以后，我本想他们虽然是朝鲜族，但他们肯定保留不了朝鲜族的精神。因为他们已经离开家乡很多年了。还有他们大多已是第二代、第三代人。

（69）恩京的家庭环境跟我家不一样，恩京的家庭很富有。恩京以前告诉我，她的父母结婚八年才得女儿，所以恩京没有兄弟姐妹。恩京家的财产大约有十几亿左右。

例 68 过多地使用了代词“他们”，以至于泛滥成灾；例 69 用名词“恩京”指称一个人，后面小句接连使用，不会交替地用代词“她”或者零指称。

指示代词的使用情况

汉语中，在提及前面文章内容或指示时间地点时，经常会使用

“这、那”或“这、那”的系列词，如“这里、这时、那里、那时”等。在这类关键小词中，韩国学生表现怎样呢？

（70）1996年早春我从韩国到了北京，到了延吉。这时候，天已经黑了，不知道哪儿是哪儿。取行李的地方人很多，噪音很大。这时，从远处走来了我的朋友。

（71）有一天，在我上学坐车的时候碰到了一个小学二年级的小女孩给我让座。我很感动。这个小女孩的心像天空一样纯净，像海洋一样宽广。以后，我再也没遇到那个小女孩。

（72）现在我看看在香山拍的照片，又想起了这次愉快的旅行。

例70的“这时候”应改为“那时候”，因为后面还有一个“这时”，不但避免了重复，而且在叙述过去的事件时，“那时候”更为准确；例71中的“以后”应改为“从那以后”，因为使用“从那以后”作者所标示的时间点会更为清楚；例72“这次”应该改为“那次”，应该用“那”的地方用上了“这”。

通过量化分析，韩国学生使用指示代词的问题可以归结为：

韩国学生使用的主要指称形式，如人称代词、名词出现了泛化情况，表现为过度使用，其延续性与本族人有较大的差距；他们对汉语“这”和“那”的使用缺乏了解，出现大量误用，主要表现在“这/那”的选择上面，“这”的使用频率远远高于“那”；使用人称代词或者名词时，不会交替使用，也不能灵活使用零形式，因此，总体表现是单一性。

2.4.2.2 韩国学生回指中的名词、代词使用情况

有研究者（曾丽娟，2007）针对中级水平韩国学生，依托大约5万字的韩国学生作文语料，对回指中的名词、代词、零形式使用情况进行了分析，下面概括进行介绍（以下例句来自曾文）。

重复、误用名词回指

（73）可能在韩国人当中，五道口并不是陌生的地方。因为很多有名的大学集中在五道口（应该使用：这儿）。比如：北京大学、清华大学、语言大学、林业大学等等。

（74）听说，济州岛的大小是美国的罗得岛差不多。济州岛（应该使用：它）被称为韩国的夏威夷，四季也很分明。

两例中，前文已经出现“五道口”、“济州岛”，后续句应该使用代词来回指前面的词语，否则便离散了前后小句的关联度，小句松散，语义自足，语篇衔接力减低。

代词的过度泛化使用

（75）我记住我当二十一岁的那年，我爸爸送给我花束，我妈妈送给我香水。我特别高兴。

（76）因为节日的时候每个家里人都去各人的大哥家一起过节日。我的爸爸是我家的大哥，所以昨天我的亲戚都来我家了。

代词的泛化、不会使用省略，是学生语篇衔接中代词偏误方面的主要特点。根据统计（曾丽娟，2007），所有 5 万字作文中，用于衔接的代词、零形式的使用数量共占回指总数的 83.23%，代词的偏误率为 44.87%，省略运用的偏误率 35.90%，说明韩国学生语篇中代词过度使用情况普遍，同时，也表明语篇衔接时省略的运用错误倾向低于代词的错误率，可以得出基本结论：省略作为衔接方式，相较代词，更易于习得。

2.4.2.3　语篇中代词、名词的过度省略问题

前面说到了韩国学生的代词泛化、不会使用省略问题，但有时受母语影响，也存在过度省略代词、名词的问题（刘建霞，2005，以下例句来自刘文）：

（77）我们在北京过了春节。其实，我们先看北京的几个最有名

的名胜古迹后，到别的地方也看的。可春节是中国那么多人都回家的大移动的时间，（这里应该添加：我们）只好在北京度过的。

（78）别看只有1000块钱，这对还是工薪阶层的他来说已是不少的数字。所以为了让妻子高兴，（这里应该使用代词：他）用这些钱办了好几件事情。先去花店买了100朵玫瑰花，然后去面包店买了一个蛋糕，然后又买了一个项链。

这与韩语的特点有关。韩语更经常的使用省略，造成了习得汉语时的负迁移。如下面的例子用汉语表达就感觉语焉不详，这是韩国学生据其母语直译过来的（注意括号内部分）：

（79）我们等了一段时间终于上了。我们一看就吃了惊，因为不是我们点的菜而是“土豆丝”。我告诉服务员，我们点的不是这个，是“京酱肉丝”。在韩国的饭馆里有这种情况时，（这里应该添加：服务员）一定先表示道歉，然后上原来点的菜。但这位服务员去经理告诉这件事。

（80）我不好意思地向她道歉说：“对不起，我认错了人，对不起。”她说：“没关系，我也遇到过这种事。”她说完就走了。到现在一想起那天的事来，（应该添加：我）就忍不住笑起来。

上例中，汉语中应该出现的主语“服务员”、“我”，在韩语中其实是可以省略的，不会影响交际。然而学生据母语直译后在汉语中却错了，母语造成了负迁移。类似情况还有哪些，值得进一步研究。

2.4.3 日本学生的词语衔接问题

前面谈到了韩国学生的情况，那么语言特点相近的日本学生词汇衔接时表现怎样呢？下面做简单归类分析（例句来自霍静宇，2004）。

2.4.3.1　日本学生回指中的名词、代词使用情况

学生在使用指称回指前面小句时，经常出现应该用代词的地方，误用了名词，如下面几例：

（81）今天我的朋友玛丽过生日。我和同学们参加玛丽的生日晚会了。

（82）年轻人不喜欢传统艺术。因为年轻人不感兴趣。

（83）我和我的朋友一起到了玛丽家的时候，玛丽出来迎接我们。

也有该用名词清楚指明人物，却用了含混不清的代词的情况，如：

（84）今天我的朋友过生日……她穿着很可爱的衣服，戴着很漂亮的花。

（85）她妈妈送给玛丽衣服，她爸爸送给玛丽手表。

也存在代词的过度泛化问题，如：

（86）她看上去很高兴。她笑着对我们说……

（87）我们一边吃蛋糕一边喝饮料，我们很高兴。

2.4.3.2　日本学生语篇中代词、名词的过度省略问题

下面例句括号中为过度省略的代词、名词：

（88）玛丽走进屋子里来，（她）穿着红色的女装，戴着金项链。

（89）……但是观众大部分是外国人。武打动作成功了，（观众）就鼓掌起来。

根据统计，在 76 篇日本学生作文中（霍静宇，2004），与零形式相关的代词的偏误率（该用代词而使用了零形式、该用零形式而用代词）为 36%，跟代词相关的（泛化、过度省略、该用代词却用名词等）偏误率达到了 70% 左右。省略（零形式）的偏误率为 35% 左右。

有日语研究者运用系统功能理论对日本语篇进行了分析（马兰英，2001），发现日语语篇中的词汇衔接未见与英语、汉语有明显的差异，因而日本学生的词汇偏误也没有表现出鲜明的国别特点，其研究也佐证了我们的语料观察情况。

2.4.4 越南学生的词语衔接问题

越南学生语篇衔接连贯时，也表现出了相似的问题，以下举例说明（例句来自孙西瑾，2005）。

2.4.4.1 越南学生回指中的名词、代词使用情况

应该使用代词的地方多用名词重复回指，如例 90 中“那位开车的人”该改为“那人”；而例 91 代词“我”依旧有泛化迹象。

（90）那位开车的人看见他哭得不得了，连说一句话也不能说。当时那位开车的人不知所措就拿一笔钱来给他。那位开车的人刚开车去，那只小狗也醒过来，一次又一次跟它的主人赚钱。

（91）从我离开家的时候我变化很多。我感觉我一天比一天长成，学习很多，当然我的本身没有变化。我的家庭有四个人：我爸爸，妈妈和我哥哥。

2.4.4.2 越南学生语篇中代词、名词的过度省略问题

应该使用代词或者名词回指的时候，却不恰当地省略了，括号内便是应添加部分：

（92）陈先生马上开车回家。路上没有人，他在开车，突然有一只小狗从树丛出来，过马路，正好（它）在陈先生的车的头。陈先生就停车。明明车没有撞到那只小狗，但那个愚蠢的狗就撞到陈先生的车。

2.4.4.3　名词的泛化使用问题

学生在复现前面词语时，多单一重复原有名词，而少用代词、零形式，使得文章拖沓，单句语义更加自足，小句间衔接力减弱：

（93）对我，朋友很重要。从小到大，我有很多朋友，有的朋友跟我玩儿，有的朋友是我的同学。可是，只有一个朋友我不能忘。她给我很深的印象。

（94）我们国家的广告情况也跟中国差不多。从电视广告来看，广告占有了发播时间的一半。特别是在广告的黄金时间。从报刊广告来看，广告也占有了很重要的地位。在我国有很多广告杂志。人们也常常买回家看。从街头广告看大部分都是比较一般的广告。总之在越南广告也占有了很重要的地位。

2.4.5　不同国家学生的词语衔接问题汇总分析

综合前面对英语国家学生、韩国学生、日本学生、东南亚越南学生词汇衔接连贯中介语语篇的分析，我们发现：

第一，这些国家学生指称时往往会出现名词、代词、零形式的混淆使用；

第二，过度省略以及代词泛化是共同的偏误现象；

第三，母语背景并没有给习得汉语语篇词汇衔接等内容带来明显的差异；

第四，国别性的研究有意义，但由于研究手段近似，多用描写与统计法、汉外对比分析法，故而造成结论的相似性。日后需要对英语背景学生与韩国、越南等学生在该领域进行比对研究，通过数据分析求得差异与否的结论，若存在差异，则教材编写时就要有所区别，所以说，该领域依旧有许多空白需要探索。

参考文献：

曹秀玲，2000，韩国留学生汉语语篇指称现象考察，《世界汉语教学》第4期。

陈　晨，2005，英语国家学生中高级汉语篇章衔接考察，《汉语学习》第1期。

陈　晨，2005，英语国家学生学习汉语在篇章连贯方面的常见偏误，《四川大学学报》(哲学社会科学版)第3期。

韩礼德、哈桑，2007，《英语的衔接(中译本)》(张德禄泽)，北京：外语教学与研究出版社。

胡壮麟，1990，《语言系统与功能》，北京：北京大学出版社。

胡壮麟，1995，《语篇的衔接与连贯》，上海：上海外语教育出版社。

黄国文，1988，《语篇分析概要》，长沙：湖南教育出版社。

黄南松，2001，现代汉语的指称形式及其在篇章中的运用，《世界汉语教学》第2期。

霍静宇，2004，日本学生初级汉语叙述体语篇衔接手段问题研究，中央民族大学硕士学位论文。

孔　艳，2009，英语国家留学生汉语语篇衔接手段使用研究，中央民族大学博士学位论文。

李　杨，1993，《中高级对外汉语教学论》，北京：北京大学出版社。

廖秋忠，1992，《廖秋忠文集》，北京：北京语言学院出版社。

林纪诚，1988，论篇章连贯性的条件，《外语教学》第2期。

刘建霞，2005，韩国留学生叙事语篇中名词性词语省略的偏误分析，北京语言大学硕士学位论文。

刘月华，1986，《实用现代汉语语法》，北京：外语教学与研究出版社。

龙日金、彭宣维，1997，《篇章中的词汇模型》评介，《国外语言学》第3期。

马兰英，2001，日语语篇中的词汇衔接方式初探，《解放军外国语学院学报》第3期。

马燕华，2001，中级汉语水平日本留学生汉语语段衔接调查分析，《语言文字应用》第4期。
孙西瑾，2005，越南留学生词汇衔接中复现手段的考察分析，广西师范大学硕士学位论文。
孙晓华，2008，近年来留学生篇章衔接偏误研究综述，《现代语文》(语言研究版)第2期。
田　然，1999，从系统功能角度分析语篇探讨语篇教学，收录于《汉语速成教学研究》论文集第2辑，北京：北京大学出版社。
田　然，2004，论词语的组织方式与语篇难度及词语教学，《云南师范大学学报》(对外汉语教学与研究版)第4期。
田　然，2006，留学生限定话题语篇中词汇衔接状况考察，《云南师范大学学报》(对外汉语教学与研究版)第1期。
王绍新，1996，超单句偏误引发的几点思考，《语言教学与研究》第6期。
王裕坤，2010，词汇衔接与功能语旨，《安徽工业大学学报》(社会科学版)第2期。
肖奚强等，2008，《汉语中介语语法问题研究》，北京：商务印书馆。
徐开妍、肖奚强，2008，外国学生汉语代词照应习得研究，《语言文字应用》第4期。
曾丽娟，2007，中级水平韩国留学生语篇回指表现分析，北京语言大学硕士学位论文。
张迎宝，2011，对外汉语篇章教学的研究现状与存在的问题，《汉语学习》第5期。
赵金铭，1993，同义句式说略，《世界汉语教学》第1期。
郑贵友，2002，《汉语篇章语言学》，北京：外文出版社。
Hoey, M. 1991. *Patterns of Lexis in Text*. Oxford: Oxford University Press.

第三章

语篇中的句法表现

3.1 语篇中的成分省略

3.1.1 成分省略及相关研究

3.1.1.1 什么是省略

省略（ellipsis）是将句子中一个或多个成分省去，避免重复，使语言简练紧凑的一种语法手段。读者可以从上下文中找到被省略的成分，也就是说，省略在语篇中是可以恢复、可以找回的。省略的目的是使得小句更加精练，句际之间衔接更加紧密，从而起到连缀语篇的功效。若小句应省略的没有省，会使得单个小句语义自足，反而会减低小句间的衔接力，降低整体语篇的连贯性。

功能语法学派中以 Halliday 为代表的学者把省略当作篇章构成的一种重要连接手段，省略是话语中留下的一些特定的结构空位，这些结构空位可以根据别处的情况填补还原（一些功能语言学者也将省略看作是一种特殊的替代现象，称作“零替代”，考虑到汉语教学，我们还是使用“省略”这一概念）。

根据 Halliday 和 Hasan 的观点，省略可以分为名词性省略、动词性省略和小句性省略等。名词性省略指的是名词词组内的中心词的省略、中心词与部分修饰成分的省略以至整个名词词组的省略。动词性省略指的是发生在动词词组内的动词的省略或整个动词词组的省略。而小句的省略则是指整个小句或小句的一部分被省略的现象。为了对外汉语教学方便，我们按照传统的主语、定语等来划分省略，如：

（1）鸿渐一下午看得津津有味，0识见大长，0明白中国人品性方正所以说天是方的，洋人品性圆滑，所以主张地是圆的。（钱钟书《围城》）

（2）别人家一开始有冰箱彩电，小林家没有0，现在不也买了0？（刘震云《一地鸡毛》）

例1中“鸿渐”在后面小句皆为主语，故而是主语的省略。例2的第二、三小句省略的是“冰箱彩电”，做宾语，是宾语的省略。后面的分类基本按照省略在句子中所处的成分来划分。

在这两个例子中，若没有省略，则为：

（3）鸿渐一下午看得津津有味，鸿渐识见大长，鸿渐明白中国人品性方正所以说天是方的，洋人品性圆滑，所以主张地是圆的。

（4）别人家一开始有冰箱彩电，小林家没有冰箱彩电，现在不也买了冰箱彩电？

可以看出，没有省略的句子不仅拖沓冗长，且小句间的衔接力由于小句语义的自足而降低，语篇的完整连贯性也被削弱了。

3.1.1.2　省略的相关研究

我国较早的省略方面的研究见黎锦熙所著《新著国语文法》（1995）。对处于主位宾位的实体词，书中主要列举了对话时的省略、自述时的省略、承前的省略几种情况。对承前省略的说明是在语篇中进行的，文中说“一切文章的复式句，都可以省去第二句以下的主语，承用前一句的主语或宾语、补足语”。

黎锦熙先生的看法只解决了部分省略句的问题，像“张向东的儿女多，不愁没人照顾，甚至都抢着在医院里值班”这类句子便无法套用上述观点，因为这里出现了省略的交叉跨越，“不愁”的主语在前面是以定语方式出现的，后面小句省略的主语是“儿女”，跨越了一个小句。黎锦熙先生对省略如何恢复亦未加提及。

吕叔湘在《汉语句法的灵活性》（1986，1）一文中，从代词、名词、动词等角度分别列举了几种省略现象，其例子有紧缩句、连动句等，未涉及省略成分在前后句中的句法位置的切换，描述也是基本的，未加展开，并没有限定探究范围是句子还是语篇。

王维贤在《说“省略”》（1985，6）一文中主要从宏观上列举了省略的几个类型：意会省略、结构省略、交际省略，对省略中的内部结构未做描绘。《省略句的性质与规范》（郑远汉，1998）一文主要探讨了省略的位置特点：邻近省、承前省、蒙后省、隔句省、交错省等，并认为后两者出现在非正式文体中。省略的主要功用为经济。该文未对语体类型进行限制，未限制讨论的词语成分，其着眼点为省略的“位置”，而非某一类词性成分在某种语体中的表现。

廖秋忠《现代汉语中动词的支配成分的省略》（1984）一文主要是从动词的“价”（valent）的角度探讨省略，比如双价动词在文中只出现了一个支配成分，那么另外的支配成分，即从缺（省略）的部分可以在文中找回。

陈平（1987，5）《汉语零形回指的话语分析》从话语的微观连续性、宏观连续性、话语的推进方式角度分析零形回指（zero anaphora）（一些学者用此概念表示省略），探讨了话语结构方式对零形回指的制约。

黄南松在近十余年有多篇论文涉及省略。如《论省略》(1995)、《省略和语篇》(1997)、《现代汉语的指称形式及其在篇章中的运用》(2001)等。黄南松的研究借鉴了功能语言学关于语篇衔接连贯的成果，以语篇为观察对象，对省略的性质、语篇中的指称与省略等进行了探讨。综合各家有关省略的研究发现：

第一，对于省略的认识为如下几方面：省略符合经济原则，为了简洁，避免拖沓，应该使用省略策略；省略的前提是省略部分为前面或后面已经出现或将要出现的信息；正式文体更关注位置规则的省略，出现的多是承前、蒙后等规则性省略。

第二，省略的已有研究基本偏重于宏观的概括或简单举例。没有限定文体，也没有限定特定词性为研究对象，对省略类型的描述、省略内部结构的归纳、难度等级的划分等微观方面的论述，还未加以深入探讨。

以上是本体视角的研究。

对外汉语教学省略偏误方面的研究，有《留学生语篇中NP省略习得顺序与偏误》(田然，2005)等两篇，其他多为硕士论文，如《韩国留学生叙事语篇中名词性词语省略的偏误分析》(刘建霞，2005)、《叙事和议论语篇中的省略研究及韩国学生偏误分析》(王文楠，2011)、《中高级韩国留学生叙事语篇省略偏误研究》(周圣芳，2011)、《对外汉语中“主语省略”的教学研究——以蒙古国学生省略习得研究为例》(马丽君，2012)等。

这些论文主要集中在对学生省略偏误现象的描写、统计以及运用语篇理论从衔接连贯角度的分析上，进而再提出教学上的建议。这些论文给出了许多宝贵的国别化省略偏误语料，为后续研究提供了可能。

3.1.2 省略的中介语偏误分析

前面已经谈到，省略的主要目的是突出主要信息，避免重复，衔接上下文。由于语言是在特定的交际场合中存在的，因而省略部分可以从语境中找到，这样便使一个句子为另一个句子的理解提供了依据，所以说，省略是一种极为重要的语篇纽带。而外国留学生在写作过程中，过于留意单句语法是否正确却忽视了全局的连贯，经常不敢省略，不得要领，造成大量羡余成分。

统计了大量留学生课堂作业、作文选评等资料发现，留学生省略方面的偏误依然停留在跨小句句法位置相同（参见例 5，即省略前后都为主语或都为宾语位置）、前一 NP 对后一 NP 统领（参见例 7，即跨小句修饰语省略）等初级方面，较难的切换句法位置的省略偏误未见一例，说明一些外国学生甚至还根本不知道存在着这样一种省略方式。下面是偏误的情况（例句源自课堂作业及留学生作文选评）。

3.1.2.1 主语 NP 的省略

（5）她是个很好的妻子，（她）每天做家务，照顾孩子，（她）真是里里外外一把手。

（6）他早在 15 岁的时候，（他）就获得了巴黎音乐学院钢琴比赛的第一名，从 22 岁开始公开演出，（他）到过美国、日本、意大利等许多国家。

依照前面的省略理论，例 5 中后两个“她”可以省略（因为他们跨越小句后，在所处小句句法位置相同，都是主语），而且凭借这种省略，使第一句与后两句关系更为紧密，否则，个个单句语义自足，皆可切断，孤立成句，语篇的衔接力即减弱了。例 6 同理。

3.1.2.2 主语修饰语 NP 的省略

某些主语修饰语，特别是由人称代词、指人名词充当的，可在大前提修饰语出现后省略。然而仍然有以下偏误：

（7）他的样子有点儿可怕的。（他的）眼睛也不好，所以他每天戴了黑色的镜子。（他的）鼻子有点儿大。

（8）前天，（我的）一个中国朋友给我送来了请柬，请我去参加他的婚礼。今天上午，我按照（我的）朋友给我的地址找到了他家，最先迎接我的是大门上的“囍”字。这个字读什么？还读“喜”吗？我正想着，（我的）朋友迎了出来，热情地和我握手。

（9）最后一次上课的第二天，我遇到了车祸，（我的）右手受伤了，我在医院住了一个月，我再也不能弹钢琴了！

例 7 中第一个“他的”已起到了对后几句的统领管界作用，后两个“他的”因此可以省去。若修饰 NP 的信息发生改变，变成“你的，小王的”，那就必然要加上新出现的 NP。例 8 亦如此，未出现新的 NP，那么“朋友”自然是第一个 NP 的朋友，不必句句限定。例 9“右手”前不必加“我的”，前面的 NP_1“我”已经统领了后面表部分的 NP_2。关于修饰语的省略，本书尝试在后文中提出省略的操作原则。

3.1.2.3 宾语 NP 的省略

（10）外祖母就让她学习华道和茶道。可是似乎华道更适合母亲的性格，结婚以后，她继续学（华道）。后来由于生孩子，她的华道工作停止了一段时间。可是不知从什么时候起，她又开始学（华道）了。（注：华道即插花）

学生为了保持单句的完整，对宾语丝毫不敢放弃，这反而使句际关系松散、拖沓，违背了宾语省略原则。

3.1.2.4 小宾语 NP 的省略

关于小 NP 的省略，本人曾做了个小实验：当让学生就“打孩子会不会影响孩子的创新精神”发表见解时，“打孩子”是作为一个小“VP + NP”结构出现的。查遍了所有同学的作业，无一人敢将“VP 打”与“NP 孩子”分开。只要是谈论“打”与“不打”的问题，必在动词后缀上一个宾语“孩子”。

（11）为了孩子精神上的富有，父母要考虑打孩子以外的办法。打孩子以后，孩子很快改正自己的错误行为，可是，不一定知道自己的错误。父母打（孩子）的时候应该有理由。可是我觉得更好的是不打（孩子）。

其实最后两个小宾语 NP“孩子”完全可以省略。因为该语境已为我们提供了充足的理解依据，小 VP 与小 NP 连接得十分紧凑，短语已经固定下来了，不可能是“打”其他的 NP。同样，就“崇拜洋货”问题讨论时，学生也时时在“崇拜”之后不忘“洋货”。如“很多人有崇拜洋货心理，这种崇拜（洋货）心理影响了国货的发展”。啰唆冗长，大大降低了写作表达水准。

句法位置不同的省略在留学生作文中未见一例，因此应归入“较高省略技巧”“较难把握”一类，留学生的作文也更加印证了我们的观点，后文会对此有所论述。

3.1.3 小句成分省略及其基本模式

前面我们观察讨论了中介语省略偏误情况，那么，现代汉语本体的省略情况又是怎样呢？我们希冀描写并归纳出现代汉语语篇中省略的基本情况与总体表现，为对外汉语教学提供借鉴。所使用例句绝大部分来自现当代小说、对外汉语教材、小学课本等。包括池莉的中篇小说《绿水长流》、陆文夫的中篇小说《享福》、蒋子龙的中篇小说《冬绮之奇》、刘震云的中篇小说《一地鸡毛》、王蒙的中篇小说《坚硬的稀粥》、张爱玲的《第一炉香》、钱钟书的《围城》等，引用其他作者的例子时会做出标注。

3.1.3.1　句法位置相同的省略

当被省略成分在小句中所处的位置与省略前所处位置相同时（或同为主语位置、或同为宾语位置等），即为句法位置相同。具体分如下几种类型：

第一种——主语的省略

（12）方鸿渐猜文学不对，0 猜教育也不对，0 猜化学物理全不对，应用张吉民先生的话道："Search me!" 难道读的是数学？那太厉害了！

唐小姐说出来，原来是极平常的政治系。苏小姐注一句道："这才厉害呢。将来是我们的统治者，女官。"（钱钟书《围城》）

（13）初恋是被你们文学家写得神乎其神了。0 其实是狗屁。0 不过是无知少年情窦初开，又没及时得到正确引导，做了些傻事而已。（池莉《绿水长流》）

上面省略的 NP 为小句的主语，分别为指人名词（"方鸿渐"）、抽象名词（"初恋"），句子组成无跳跃性，按照事件顺序叙述。因而，我们给出主语省略基本模式为：

NP（主）……，0 +……，0 +……，……

值得注意的是，这种主语位置的 NP 项数是否可以无限省略？NP 跨越小句的距离是否可以极端延长？甚至贯穿整个语篇？带着这个疑问，我们找到了下面的例子：

（14）我住进宿舍之后，0 立即动手大扫除。0 挂了窗帘和门帘，0 还买了一盆竹节海棠放在窗台上。（池莉《绿水长流》）

（15）冬绮把悲愁暂时放到一边，0掀开向东的被子。然后0用卫生纸轻轻擦掉他身上的屎，0再端来一盆热水，0用毛巾蘸水把他的身体洗净。0连换三盆热水，0把向东的身体从上到下洗了个干干净净，0最后用新毛巾擦干，0换上干爽的衣服和床单。（蒋子龙《冬绮之奇》）

（16）我眯眼望着苍绿的杉树林和掩映其间的挂满青苔的别墅，0听着小溪哗啦啦的流水和鸟儿的啼鸣，0踩着石径或松针铺的小路。0身边伴着不管闲事的友好的陌生游客。我吃饱了。我穿着喜爱的衣裳。我完成了工作。我健健康康。真舒服！我无话可说。我珍视这分分秒秒。我明白这是人生难得的享受。（池莉《绿水长流》）

（17）马老太推门进去，0拉开煤炉，0用炉上热水洗洗脸，0洗完脸以后就准备吃泡饭，0吃完泡饭就上床睡。她没有一点时间，她把每一点时间都用来拉煤球和恢复体力；她也没有时间想心思，空想有啥用呢。她拖儿带女，养家活口都是靠做出来的，不是靠想出来的。（陆文夫《享福》）

例14、例15遵循了我们给定的基本模式，而后面两例则没有，这是为什么呢？

例14、例15整个语篇是以“行为”叙述为序列的，出现了“行为连续体”（continuity of action）。按照Givon（1983）的研究，这种连续行为间一般时间间隔不大，并以“时间序列”构成语篇。在这种连续行为中，含省略小句可以依时间顺序向下延伸，省略的NP项数在此可以绵延至整个段落结束，跨越的小句直至本段落的最后一个，这种省略尚未发现跨越本段落延续到下一段依然不出现NP重入的现象。段落重起时，倾向于以名词、代词恢复对行为发出者的叙述，或者重起话题出现新的叙述对象。

例 16 、例 17 中，省略为何没有延伸至段末？为什么在未插入其他 NP 的情况下恢复了省略成分？例 16 的前几句在连续描述“我”的动作状态行为，所以会在后面的几个小句中连续省略，而“我”恢复，省略停止与整个叙述话题的“转移”有关。所谓“转移”（shift）是指在语篇连续体中由一个阶段进入另一个阶段的进程，比如由空间连续体转为时间连续体，由行为连续体转为其他方式，等等。例 16 中尽管人物“我”未发生变化，但行为连续体发生了“中断”，时间序列被打破，语篇类型发生了变化，因此，这里不能延续前边的省略。此为原因之一。

若从话语层次方面看，尚有第二种原因。例 16 前几句属于线性描述，事件依序展开，所以出现了省略；后面几句是并列关系，彼此并无明显的前后承递性，后一句并不完全是依照前一句的脉络发展出来的，它们基本属于同一层次，因而也便不省略。例 17 原理相同。此时若依然绵延前边的省略习惯的话，“0 吃饱了。0 穿着喜爱的衣裳。0 完成了工作。0 健健康康。0 真舒服！ 0 无话可说。0 珍视这分分秒秒。0 明白这是人生难得的享受”便文理不通形成非语篇。此种方法类似电影理论中的“蒙太奇”，表层似乎断裂但内涵却连为一体。

国外一些学者，比如 Li 和 Thompson（1981）等据汉语主语的大量省略得出论断，汉语为零指称语言。但笔者认为，这一论断即使在叙事语体中也受到某种程度的制约。根据我们掌握的语料，准确地说，以行为连续体策略构成的语篇，零指称频率非常高，而在分类叙述或话题转移时，同一主语同一叙述对象也倾向于不省略，再看：

（18）她是一个工作狂。因为她具备当一个工作狂的条件，她是幸运的。她喜欢自己的家，这里是她的停靠站，是她的城堡。在家里能让她得到生活和工作的勇气和力量。她必须工作。必须创造，每一项新的课题里都寄托着她的一个梦……（蒋子龙《冬绮之奇》）

上例分别叙述她的工作、她的家、她的创造，所以即使未插入其他新的NP也依然不省略“她”。

第二种——主语修饰语的省略

（19）庐山（NP修饰语）的云雾（NP_1）飘飘渺渺，捉摸不定，有时一下子就可以弥漫上来。0雷阵雨（NP_2）也来势凶猛，0山下（NP_3）还闪着阳光，0山腰（NP_4）却可以掉下大颗的雨珠来。（池莉《绿水长流》）

（20）奶奶的腿摔坏了，0眼睛本来就不灵，这一来更不敢轻易挪动了。（陆文夫《享福》）

这类省略后面的NP_1、NP_2等语义上与省略NP具有明确的关联性，常表现为为其部分、为其所有，“雷阵雨”是“庐山”的“雷阵雨”，“眼睛”是“奶奶”的“眼睛”，即NP（修）已经将后面的叙述控制住，NP_1、NP_2、NP_3等为NP（修）的一个支脉，读者需要带着这个NP（修）解读下面的小句，主语修饰语省略的基本模式为：

NP（修）＋NP_1，0＋NP_2，0＋NP_3，……

第三种——宾语的省略

宾语省略的条件为以下几类：

第一，省略的NP前VP往往与上一句的VP相同（例21，VP是“找”），因而可以依据VP顺序恢复被省略宾语为“处长”；

第二，有时VP也不同，但语义上与上一个VP多有联系，如都可以带受事宾语（例22）；

第三，有明确的数量词控制时，省略核心 NP，可依据数量词顺序进行宾语 NP 的恢复（例 23）。

（21）于是就又找了这个处长。谁知道这一找 0 不要紧，让人家管人事的头头知道了。（刘震云《一地鸡毛》）

（22）买上几十棵便宜菜，不够伺候他的，天天得摆 0、晾 0、翻 0，天天夜里得收到一起码着。这样晾好，白菜已经脱了好几层皮。（刘震云《一地鸡毛》）

（23）原来搞了两个名额，我孩子一个 0，我姐姐孩子一个 0，后来我姐姐孩子不去了，如果你们不嫌这个托儿所差，这个名额可以让给你们，大家对门住着！（刘震云《一地鸡毛》）

小宾语省略主要是去寻找小 VP，小 VP 的出现便预示着后边的成分为被省略的小宾语 NP。

（24）很多人都有崇拜洋货心理（小 VP 为“崇拜”），这种崇拜 0 心理告诉我们中国的产品质量尚未完全达到令国人放心的程度。（教材《高级汉语口语话题交际》）

（25）很多父母在教育孩子的时候，都会采取打孩子的办法解决问题（小 VP 为“打”），那么打 0 是不是解决问题的有效手段呢？有人认为不打 0 不成材，该打 0 就得打 0；也有家长认为动手打 0 是家长无能的表现。（教材《高级汉语口语话题交际》）

3.1.3.2 句法位置不同的省略

所谓句法位置不同，指的是省略前后在关系小句中所处的句法位置、功能出现了差异，如省略前为定语，省略后以主语的面貌出现等。试观察下例：

（26）他的病势渐渐稳定了，0 由特护病房搬进了单间的高级干

部病房。(蒋子龙《冬绮之奇》)

省略的为主语“他”，可在前面提示小句中，“他”是以定语形式出现的，这便是句法位置不同。句法位置不同的省略有以下几种情况。

第一种——定语位置的 NP 转化为后面小句的主语 NP

（27）她回头问女儿：“你爸的脸色不好看，我不在家的这些日子，0 是不是又犯病了？”(省略 NP“你爸”)(蒋子龙《冬绮之奇》)

（28）她按自己信中约定的时间到了北京，找到张家庆教授的家。张教授的门一敲就开，而且 0 待她很热情。0 又听她口述了一遍她的要求，0 详细打问了张向东的病情。(省略 NP“张教授”)(蒋子龙《冬绮之奇》)

这类双名结构，其功能切换后的省略模式为：

……，NP_1+ 的 +NP_2+……，(NP_1)(主语)+……

即修饰语转化为后句的中心语。

第二种——NP_1+NP_2 的跨句省略

（29）搬出特护病房家属就得上阵了。张向东（NP_1）的儿女（NP_2）多，0（NP_1）不愁没人照顾，( )(NP_2）甚至都抢着在医院里值班。(蒋子龙《冬绮之奇》)

这里有两个 NP：NP_1 张向东，NP_2 儿女。第一句省略的为 NP_1，第二句省略的为 NP_2，NP_1、NP_2 按照其出现的顺序先后进行省略。但这种省略必须在语义十分清晰的前提下进行，否则会延长解读时间。

跨句省略还有一种类型：

（30）她（NP_1）喜欢跟着姥姥（NP_2），0(NP_2）走到哪，( )(NP_1）

跟到哪。（转引吕叔湘，1986）

与例 29 不同，例 30 中 NP_1、NP_2 的省略顺序正好和他们的出现顺序相反。归纳起来，跨句省略存在两种模式：

NP_1+……NP_2+……，（NP_1）+……，（NP_2）+……

NP_1+……NP_2+……，（NP_2）+……，（NP_1）+……

第三种——介词宾语转为主语的省略

即以介词宾语出现，到后续小句中转成主语并省略。

（31）小林在办公室看报纸，看到一篇悼念文章，悼念一位已经死去好多年的大领导，说大领导生前如何尊师爱教，曾把他过去少年时代仅存的两个老师接到北京，0 住在最好的地方，0 逛了整个北京。（刘震云《一地鸡毛》）

（32）老婆马上愤怒，说小林不能这样对孩子不负责任；0 跟修车的女儿在一起，0 长大不修车才怪。（刘震云《一地鸡毛》）

（33）他家里有一台褚桂芳买的进口的松下爱妻号洗衣机，（洗衣机）被他的同事贴上了一方纸头，0 把爱妻号改成了爱夫号。（陆文夫《享福》）

这里的介词分别是：把、对、被等。介词宾语转为主语的省略基本模式为：

介词 +NP，0（NP 被省略）+……

3.1.3.3 顶针式省略

顶针式省略从大项上分类应归于“句法位置不同”的省略，但由于其使用频率较高且难度极差不明显（见下文），故单列出来。所谓顶针省略，即小句末位的 NP，在后一个小句句首出现并省去。处于宾位的 NP，成了下一小句的主语 NP（省略），借此扩展话题。语料分析发现，汉语叙事语篇中顶针式省略占有相当的比例（15%，见田然，2003），这种顶针省略也可以从一个侧面揭示汉语的话语推进方式。来看例子：

（34）我房间和窗外有一株大树，0 盛开着火红的花朵。（池莉《绿水长流》）

（35）小孩吵着要糖，0 到手便咬，他母亲（新的 NP）叫他谢鲍小姐，他不瞅睬，孙太太只好自己跟鲍小姐敷衍。（钱钟书《围城》）

（36）她在苏州有一个儿子叫马太伯，0 书读得很多，0 钱拿得很少，0 每天还要喝两杯茶，0 抽一包烟，但你也不能说他穷。（陆文夫《享福》）

统计显示，存现句（如前面例 34 的“有”句）、非存现句（例 35）在顶针中未有明显句式差异；顶针 NP 的语义种类未有明显差异，无论指人（如例 36）还是指物（如例 34、例 35）皆可以成为顶针成分。

其语篇模式可以概括为两类：

……+NP，（NP）+……，其他（单句顶针）

……+NP，（NP）+……，（NP）+……，……（多句顶针）

3.1.3.4　无明显 NP 标志的省略

（37）去年秋天我不是从北美拿到了一批保温瓶套具的订单吗？0 却不让出关。按文件规定，我们的经营范围里没有这一项，0 就死活不让出口。外经外贸委的主任、市长批了条子都不顶用。（蒋子龙《冬绮之奇》）

上例中缺省的 NP 原形一次也未出现，那么例 37 中，“谁”不让出关？因为后面有一个关键的“关”字，表示海关，那么不让出关的一定是“海关人员”。

（38）地铁不像公共汽车那么挤，0有时上车还有座位。小林将这想法向小林老婆说了，老婆也很高兴，同意去那个单位。（刘震云《一地鸡毛》）

文章中也从未提及“谁上车”的问题，可是读者自己可以将“有座位的”缺省主语恢复为“乘坐地铁的人”。

这类无显性标志的省略，一般是读者据已有知识背景图式能恢复出来的。若有理解歧义，则需添加原词，减少省略的使用。

3.1.3.5　省略的难度级差

前面我们按照句法位置谈到了三种主要省略方式：句法位置相同的省略、句法位置不同的省略、顶针省略。这三种方式在叙事语篇中所占比例分别为76%、5%、15%，无标志省略为4%（田然，2003）。现在有一个问题：这三种省略方式，是否在使用上存在着难度等级差异呢？像句法位置不同的交叉的省略，对中国儿童是否存在解读障碍呢？

句法位置相同的省略更容易依照上面一个句子的固定位置在下一句中进行恢复，而句法位置不同的省略，恢复规律则不明显，对于认知水平较低的儿童和母语非汉语者，这种省略势必造成更难的解读障碍。因而我们认为，汉语的省略从恢复的难易度上确实存在着不同“级差”。究竟是怎样的“级差”，我们从语料等级上入手，以小学一二年级的语文课本作为语料，穷尽地进行省略统计。从理论上说，儿童课本是适应儿童阅读特点和接受能力的，是与儿童解读构建文章的水平一致的。所以儿童课本中作为衔接连贯的省略也应该是初级的，适应阅读理解能力较低的儿童的，因此也可以看作是初中级省略。下面将小学一至四册课本与供成人欣赏的小说《一地鸡毛》中的省略列表比较（插入省略见表二的例子），册下的数字为书中可统计的有效课文篇数。

表 1　小学课本与成人读物省略情况对照表

分类（数据）	书名	一册 9 篇	二册 19 篇	三册 20 篇	四册 26 篇		《一地鸡毛》
句法位置相同	主语承前省略	2	23	27	29	难度递增↓	60
		→省略数量在递增					
	主语修饰语省略	0	0	0	1		0
	宾语省略	0	1	1	2		10
	插入省略	0	0	1	2		9
句法位置不同	顶针转换省略	0	3	4	5		26+2
		→省略数量在递增					
	介宾转换省略	0	0	0	0		3
	兼语转换省略	0	0	0	0		4
	定语转换省略	0	0	0	0		1
背景省略		0	0	0	0		6
总数		2	27	33	39		116
		→省略数量在递增					

可以看出，儿童语文课本首先是倾向于不省略。第一册中省略极为少见，多采用原词重复的办法以降低小学生的解读难度：

（39）小狗在雪地里跑，雪上留下了小狗的脚印。小狗对小鸡说："你看，你看，我会画梅花。"（小学《语文》课本第一册）

从第二册开始，出现了较多的主语承前省略，也出现了宾语省略、插入省略：

（40）小鸭看到水非常高兴，0拍拍翅膀就跳下去。它们在水里游来游去，0嘎嘎嘎地叫着，0好像在说：谢谢你！！谢谢你！（小学《语文》课本第二册）

（41）乌龟笑着说："我不是你们的妈妈，你们的妈妈头顶上有两只大眼睛，披着绿衣服，唱起歌来顶呱呱，你们到那边去找0（宾语）吧！"（小学《语文》课本第三册）

（42）他仔细观察，只见那些蜜蜂（插入）采了蜜，0飞进附近的园子里，园子旁边有一所小房子。（小学《语文》课本第四册）

值得注意的是，顶针省略也较多出现于小学低年级课本中。

（43）柿子树上挂着许多大柿子，0像一个一个的红灯笼。（小学《语文》课本第二册）

（44）小黄莺飞到水田边，听到一阵"呱呱呱"的歌声，0又响亮又有节奏。（小学《语文》课本第三册）

（45）他想，如果照小草的叶子那样，用铁打一把有齿的工具，0在树上来回拉，不是比用斧子砍强得多吗？——鲁班就这样发明了锯。（小学《语文》课本第四册）

这说明此种省略方式较易为小学生理解接受，也就是说，最临近的省略对阅读者的文章理解不易构成直接障碍，连刚刚学习母语的儿童也能对文章进行解读。认知心理学的研究成果同样为我们提供了理论上的佐证。有人从阅读中的推理（inference）出发（彭聃龄，1997），考察中文课文阅读的情况，实验结果符合最低限度理论（minimalist theory）。该理论认为，在中文阅读中，读者只对课文信息的局部连贯性（local coherence）敏感，当课文信息明显时读者就产生了推理，若当前课文信息连贯性未遭到破坏，则读者始终更关注的是局部连贯。这似乎也可以为小学课文中出现顶针省略做出合理的解释。因此也可以说，句法位置相同的省略及顶针省略为汉语中较易理解的省略。

对照成人小说《一地鸡毛》，四册小学课本中未出现一例句法位置不同的省略（顶针除外），可见这些功能切换的省略是适应具备一定阅读能力的读者的，对于儿童及外国学生存在更高的分析难度，它需要更高的汉语理解构建水平，属于中高级的省略。省略类型由易到难的级差序列表示为：

句法位置相同的省略→顶针省略→句法位置不同的省略（顶针除外）

这种难易级差的划分对对外汉语教学具有非常实际的操作意义，后面我们会做细致的论述。

3.1.3.6　省略类型与内部参数汇总表

下面我们将语料中所见（+NP）省略种类列表在此，相信能展现其基本框架。

表 2　NP 省略类型模式表

句法位置情况		位置分类	例句	语篇模式	说明
句法位置相同	无插入成分	主语 NP 承前省略	鸿渐忙伸手到大褂口袋里去摸演讲稿子，0 只摸个空，0 慌得一身冷汗。0 想糟了！糟了！……	NP（主）……，0 +……，0 +……	
		主语修饰语 NP 省略	奶奶的腿摔坏了，0 眼睛本来就不灵，这一来更不敢轻易挪动了。	NP（修）+ NP_1……，0 + NP_2……	
		主语 NP 蒙后省略	0 从乡下回来，向东就病倒了。	0 +……，NP……	
		宾语 NP 省略	鲍小姐手里拿着几块糖，甲板上的孩子们看见了上去便抢 0。	……VP+NP，……VP+0	VP 可不同

续表

句法位置情况		位置分类	例句	语篇模式	说明
句法位置相同	无插入成分	小宾语NP省略	很多父母在教育孩子的时候，都会采取打孩子的办法解决问题，那么打0是不是解决问题的有效手段呢?	小VP+小NP，……小VP+0……	
	有插入成分		她真的觉得，媳妇像强盗，0抢走了儿子，0现在又不让孙子来和奶奶亲热，0说什么不能麻烦奶奶，( )真恨死这女妖精了。	NP_1+……，NP_2+……，(NP_2)+……，……，(NP_1)+……	NP_1有时不省
顶针省略		宾语NP→主语NP	法院是不怕争吵的。她找到庭长，0也是个女的，0对她说："你不服就上诉吧！"	……宾语NP，(NP)+……	
句法位置不同		NP_1+NP_2跨句省略	张向东的儿女多，0不愁没人照顾，( )甚至都抢着在医院里值班。	NP_1+NP_2+……，(NP_1)+……，(NP_2)+……	
		定语NP→主语NP	那位小姐的眼睛很漂亮，( )穿得也时尚。	NP_1+的+NP_2+……，(NP_1)+……	
		兼语NP→主语NP	上个星期区里有个联谊活动，我带小梅去了。0一下子把其他姑娘都给镇住了，0一派明星风度。	……+VP_1+NP(兼)+VP_2，(NP主)+……	
		介宾NP→主语NP	他家里有台褚桂芳买的进口的松下爱妻号洗衣机，被他的同事贴上了一方纸头，0把爱妻号改成了爱夫号。	……+PP+NP+……，(NP)+……	

关于省略的内部条件，还几乎未见其他研究。我们通过对近400个语篇中省略内部各参数的分析，从省略的条件、跨越小句数目、省略的终止规则（停止省略的原因）、省略NP的恢复方式等方面做尝试性总结。如下表：

表3　NP省略内部条件表

<table>
<tr><th>项目分类</th><th>省略的条件</th><th>省略所跨越小句的数目</th><th>省略句与原形句（非省略句）的距离</th><th>省略终止规则</th><th>省略NP的恢复方式</th></tr>
<tr><td>主语NP承前省略</td><td>行为连续，且未出现其他主语NP。</td><td>最多10个，直至段落结束。</td><td rowspan="7">紧密临近，最多中间插入1个小句。</td><td rowspan="7">基本表现：
话题转移；
话题岔断；
出现新的NP；
段落另起
四类。</td><td rowspan="7">NP原形重复；
代词代替；
下文不再出现该NP
三类。</td></tr>
<tr><td>宾语NP省略</td><td>VP的重复；VP与前面动词语义类型接近。</td><td>最多5个。</td></tr>
<tr><td>小宾语NP省略</td><td>前面VP重复出现。</td><td>3个，直至段落结束。</td></tr>
<tr><td>定语NP→主语NP</td><td>NP为人物，临近小句未出现其他同位置的指人NP。</td><td>最多5个。</td></tr>
<tr><td>宾语NP→主语NP的顶针省略</td><td>后续句子只能以前面NP为话题延续发展。中间一般不可插入其他小句。</td><td>最多4个。</td></tr>
<tr><td>兼语NP→主语NP</td><td>NP为人物。中间不可插入其他小句。</td><td>最多3个。</td></tr>
<tr><td>介宾NP→主语NP</td><td>NP为人物，中间不可插入其他小句。</td><td>最多2个。</td></tr>
</table>

3.1.4　语篇省略在对外汉语教学中的应用

3.1.4.1　利用难度级差概念进行省略教学

中国儿童课本中的省略有从易到难的等级，那么汉语认读水平较低的外国人，习得这三类省略的情况又怎样呢?

对《留学生作文选评》一书 NP 省略段落（共得例子 199 个）穷尽统计后发现（田然，2005），按照使用频率与数量多少、使用的正确率高低，三类省略由易到难的顺序可表述为：

句法位置相同的 NP 省略（初级）→顶针的 NP 省略（中级）→句法位置不同的（除顶针外的）NP 省略（高级），见下表：

表 4　留学生 NP 省略情况表

<table>
<tr><th></th><th>正确使用数</th><th colspan="2">正确率</th><th>应省略而未省的</th><th colspan="2">偏误率</th><th>总数</th><th>合计</th></tr>
<tr><td>位置相同的 NP 省略</td><td>136</td><td>81%</td><td rowspan="3">正确率下降↓</td><td>31</td><td>19%</td><td rowspan="3">偏误率增加↓</td><td>167</td><td rowspan="3">199</td></tr>
<tr><td>顶针的 NP 省略</td><td>8</td><td>25%</td><td>24</td><td>75%</td><td>32</td></tr>
<tr><td>位置不同的 NP 省略</td><td>0</td><td>0</td><td>0</td><td>0</td><td>0</td></tr>
</table>

也就是说，随着省略位置的变换，留学生习得省略的难度与偏误率均相应增加，留学生习得 NP 省略与中国儿童具一致性。我们可以针对这个现象有目的地实施教学。

第一步，进行句法位置相同的省略练习，包括主语、宾语、小宾语等。

方式包括添加与删减：

添加式——将原文修复，使学生了解在习以为常的简单阅读中都省略了什么，为什么要省略。

（46）姨父不仅仅是个老红军。在革命队伍里他还学了文化。0 还去莫斯科上过专修班。0 会跳顿河的踢踏舞，0 会唱几句著名歌剧。（池莉《绿水长流》）

让学生分析在此省略的功能怎样，然后教师可以简单讲解省略的连贯衔接作用，让学生模仿此种方式写作一段文字，这样学生更容易把握其内涵。

删减式——教师将原文的每一个单句都修补完整，仿照学生的语篇偏误，之后让学生删改，其目的是警示学生“单句完整并不就是连贯的语篇”。下例下划线词语为教师加入部分：

（47）老头子腿不好，老头子爬楼很不方便，老头子到每一个人家都累得满头大汗，老头子先喘一阵气，老头子再查水表。但老头积极性很高。（刘震云《一地鸡毛》）

第二步，进行顶针省略练习。

让学生对其作文进行讨论，分析哪些是可以省略的（括号内为应省略部分）：

（48）我有一个中国朋友叫大伟，（他）今年21岁，（他）能说很流利的韩国语。

（49）我打量着这间屋子，（屋子）不是很大，但打扫得很干净。再看看屋里的人，（人们）都显得很兴奋，新郎父母的脸红红的。

之后展示汉语语篇顶针省略习惯：

（50）我房间和窗外有一株大树，0盛开着火红的花朵。（池莉《绿水长流》）

（51）爸爸声明，他可以与妈妈一组，但不管我和妻。因为我和妻有一个新潮儿子，0不可能与他们吃到一块儿。（王蒙《坚硬的稀粥》）

最后，要求学生模仿人物介绍句、存现句写一段带省略的文字，此时学生开始使用顶针省略衔接技巧，而并不仅仅如以前只关注单句的正确与否，课堂即时正确率会有所提高。

第三步，解读句法位置不同的省略。

（52）她真的觉得媳妇像强盗，0抢走了儿子，0现在又不让孙

子来和奶奶亲热，0说什么（ ）不能麻烦奶奶，（ ）不能吃奶奶的东西。（陆文夫《享福》）

这部分处于难度等级的最高级，因而宜在留学生中高级阶段进行，先解读，而不是急于模仿写作。如上例，出现了四个NP：她、媳妇、儿子、孙子，而且交叉省略，学生如何理解这段话？

首先，让学生找出是否存在省略，并补足。0处省略的为“媳妇”，（ ）处省略的为“孙子”。其次，让学生分析该省略在句法位置上与前后句的关系，掌握语篇连贯衔接的多样性。若学生能在了解NP省略复杂性基础上自如使用这种衔接技巧，则表明学生的构建语篇能力达到了相当高的水准，省略的运用也是评判留学生作文能力及成段表达的重要标准。

3.1.4.2 省略方式可作为评价教材难易度的标准之一

以前的教材难易评价标准基本是考虑词汇句式问题，是甲级词还是乙级丙级词，有否“把”字句、“被”动句或者复句。事实上对衔接连贯研究的深入可以将评价标准从句内扩展到句外。我们可将教材中省略的难易度作为评价其是否适用于外国学生水平的标准之一。

如果为初中级水平的留学生提供了下面这样的文章，即使没有丙级丁级词，没有语法难点，也不太合适。

（53）不过今天小林实在不欢迎他进来，人家家里正生着气，0也不看一看家庭气氛，0就自己坐下，于是（ ）就没过去，（ ）没像过去一样跟他打招呼。（刘震云《一地鸡毛》）

在此出现了两个NP，其省略也很复杂，前面是兼语“他”转成主语的省略，最后两例是“小林”跨越几个小句后的缺省。因而，评价教材中一篇文章是否适当，语篇中省略的级差概念在某种程度上为我们提供了另一判别原则。

3.2 语篇对句法项目的制约

目前我们的语法教学基本是在单句中进行的，然而，到了留学生中高级阶段，当外国学生将一些正确的单句放到超单句语篇中时，却惊讶地发现，这些语篇并不能为母语者所接受，出错了。为什么会如此呢？

语篇中的句法、小句应用受到诸多因素的制约，如话语焦点的制约，如衔接连贯的制约等，后面一章我们会集中讨论。这些制约促使我们在中高级阶段的对外汉语教学中，应尽可能将句法学习放置在更大的语篇中去进行，结合前后小句的语义、语境进行。这样，我们所教授的语法点才更能成为“活”的语言，而不是“一应用就出错”的令学生头疼、令学生产生挫败感的语言。

本节便尝试在语篇中探究一些句法项目的使用。

3.2.1 “VP + 一下”在语篇中的偏误

3.2.1.1 语法项目释义

“VP + 一下”是对外汉语教学初级阶段便出现的一个语法项目。一般语法书释“一下”为“短时、轻松义”（刘月华，1983），教材中（如《桥梁》）释为“尝试、短时”，例子如“看一下”、“读一下课文”、“讨论一下”等。教学中也多给出这样的模式：动词 + 一下，然后据此进行反复操练。

3.2.1.2 语篇偏误情况

依托前面的教材释义，于是学生生成了如下的单句：

（54）我们进去坐一下吧。

单句完全正确。在初中级阶段局限于单句的教学中，这也被视为学生已经“掌握”了该语法点。然而，进入中高级后，当教师要求学生将上述单句扩大到由多个关系小句构成的语篇时，便出现了：

（55）电影快开演了，我们进去坐一下吧——？

可以吗？两个单句都没问题，但是连在一起，母语者多会感觉不顺畅。可见，学生依据单句句法而生成的正确单句，放入语篇中后，便出现了意想不到的问题。语言是以交际为目的的，我们所教授的句法规则最终是要进入对话、进入语篇与语境结合的，这也说明了“单句正确”与“进入语篇后依然正确”委实是两个不等值的问题。这种现象在中高级对外汉语教学中也多有遇到，也是中高年级留学生成段表达与写作中面临的苦恼。

3.2.1.3 分析与运用

前面的例 55 有问题，那么，进入下面的语篇中后，这样表达是否可以呢？

（56）走得实在太累了，咱们去前边咖啡厅坐一下吧。

（57）这个沙发质量不错，你坐一下。

上两例应该是没问题的。同样是放在首发句后面，为什么例 55 不行而例 56、例 57 可接受度就很高呢？

这是因为例 56“走得太累”的语义，已经预设给我们了需要“休息一会”，所以后面“去咖啡厅坐一下”便顺理成章，“坐一下”表示短时义；例 57 前面说“沙发质量不错”，在此“坐一下”自然是尝试义。两例中“一下”的使用都与首发小句的语义有密切的关系，因而可行。

再回来看偏误句例 55：电影是有时长的，所以不可用表短时的“一下”，似乎进去了马上就出来，这与话题（电影）、电影的时长性相矛盾；再有，前一小句新信息是“要开演了”，“一下”自然也不能释为“试试影院椅子的质量”，故而此处首发句限制了后续小句中“一下”的使用，并不是单句“坐＋一下”本身不可使用。所以单句的使用，是受到前面小句的语义制约的，并非是随意进入语篇的。

3.2.2 “差点儿＋VP”在语篇中的偏误

3.2.2.1 语篇偏误情况

在学习“差点儿”时，学生造了这样的单句：

（58）我差点儿迟到了。（语法点是“差点儿”，学生的意思是“我实际上没有迟到”）

（59）我差点儿摔倒了。（学生的意思是“我实际上没有摔倒”）

中高级教材《桥梁》释“差点儿＋消极V”是“没有发生”，“差点儿迟到”是“没有迟到”，这个解释并没有问题，一般教材都是这样阐释的。老师让学生扩展成篇，你在什么情况下“差点儿迟到了、摔倒了”，于是学生说：

（60）我跑得很快，我差点儿迟到了。（学生本意是“我没迟到啊”，因为“我跑得很快”。）

（61）我今天爬山没穿高跟鞋，差点儿摔倒了。（学生本意是“我没摔倒啊”，因为“我没穿高跟鞋”。）

这两例显然出现了偏误。

3.2.2.2 分析与运用

前面的例60、例61，正确的单句进入语篇就疙疙瘩瘩，那么毛病在哪里呢？看一下课本《桥梁》的例子：

（62）他前一阵得了大病，差点儿死了。

分析后我们发现，首发句多为原因，“大病”可导致“死”，但例60中“跑得很快”不能导致“迟到”，例61中“没穿高跟鞋”也不能导致“摔倒”，这不合乎逻辑常识，也就是说，“差点儿”在语篇中的使用，与首发小句的语义表达密切相关，并非第二小句单句正确了进入语篇就自然通顺。在此“差点儿”的用法应表示为：

小句 VP（因），差点儿+VP（果）。如：

（63）外面堵车很厉害，差点儿迟到了。

（64）这孩子前几天发烧特别厉害，差点儿死掉。

例 63 中，“堵车”是“原因”，所以可能导致“迟到”，但是“没迟到”；例 64 中“发烧厉害”是“原因”小句，所以可能导致“死掉”，但是“没死掉”，庆幸。

3.2.3 “倒”在语篇中的偏误

3.2.3.1 语篇偏误情况

“倒”是一个看似简单、实则难用的虚词。一般教材中释为“表示转折”，意义类同于“却”（见《桥梁》）。书中例句也是这样：

（65）昨天下雪天气不冷，今天雪停了，天气倒冷起来了。

这类例句中的“倒”换成“却”也未尝不可，于是外国学生便生成了这样的句子：

（66）？他学习很认真，昨天感冒了，倒来上课了。

（67）中国朋友跟我很好，常帮助我。今天外面下雨，朋友倒来我家了。

母语者总会感觉小句衔接有问题。外国学生明明想表达的是：他很努力，感冒了却来上课了。而读者却感觉，这学生平时身体好时不来上课，感冒了倒来了，他并不努力。理解义与原本义出现了偏差，那么问题到底在哪儿呢？

3.2.3.2 “倒”的研究与释义

吕叔湘（1980）在《现代汉语八百词》中一共列出了“倒”的七个义项：

第一，表示跟一般情理相反，反而，反倒，如：妹妹倒比姐姐高；

第二，表示跟事实相反，如：你说得倒简单，你试试看；

第三，表示出乎意料，如：有这样的事？我倒要听听；

第四，表示转折，如：房间不大，陈设倒挺讲究；

第五，表示让步，用在前一小句，后一小句常用“就是、可是、但是、不过”等呼应，如：质量倒挺好，就是价钱贵点儿；

第六，舒缓语气，如：咱们能一起去，那倒挺好；

第七，用于追问或催促，如：你倒说说看！

《现代汉语虚词词典》（侯学超，1998）“倒”词条下所列的六种意义是：表示跟一般情理相反；事实跟预想的不一致；出乎意外；同一事件、同一主体的两个方面不一致（对立）；表示委婉的语气；用于追问或催促。与前面吕叔湘先生的划分基本相同。

然而，由于实际应用、特别是对外汉语教学的偏误问题，使得越来越多的学者投入到“倒”的相关研究中，如“倒”字句的含义及教学（吴中伟等，2005）、论副词“倒”的语篇功能——兼论对外汉语语篇教学（彭小川，1999）、说“倒”（温锁林等，2007）、“倒”与“却”的交际功能对比研究（王功平，2007）、副词“倒”的基本意义（孙颖、郭继懋，2011）等，这也说明关于“倒”的研究依然在探寻中。

虽然一些教材的简单释义具有它的合理性，解释了最基本的语义，不过，大量“倒”的偏误的存在以及我们对本体语料、论文的观察发现，都说明“倒”的基本意义不应简单释为“转折”，而应释为“一定话题链中与相关小句所产生的逻辑预期相反义”，即所陈述事实小句未在后面小句中产生预期结论、却产生了相反的颠倒的结论，违背了说话人的原始预期，这时我们会使用“倒”。如：

（68a）？他学习很刻苦，昨天病了，倒坚持来上课。

（68b）他平时吊儿郎当的，老是缺课，昨天病了，倒坚持来上课。

（68c）有些人没生病却要请病假，他昨天病了，倒坚持来上课。

（三个例句来自吴中伟，2005）

b句“他平时吊儿郎当的”的预期是“他病了就不可能来上课”，而事实与预期相反，他来了！所以可以用“倒”；

c句“有些人没生病却要请病假”，“他病了”的预期是“更应该请假”，然而事实是“他来了”，所以可以用“倒”；

再回来看a句，“他学习很刻苦”，所以“他病了”的预期是他也可能来上课，因为他认真刻苦，所以，此时在后续小句中使用“倒”便是错误的，因为并未违背原始预期，该小句不能与前面小句构成连贯的语篇。

上文的例67这时便容易解释了，“朋友关系很好”的预期是“常来看我，来我家”，所以后续小句用“倒”便不通顺，因为未违反预期。

3.2.3.3 “倒”与“却”的语篇表现

前面说到了这两个词容易引起外国人的混淆，主要表现在“倒”的使用上，就是该用“倒”的地方，用了另一个使用频率极高的、也表转折的“却”。综合各家（方旭军，2004；王功平，2007）以及我们的观察，立足于“倒”，对两词的区别用法归纳如下：

第一，关联成分的差异。“倒”一般不能关联单个的词，而“却”可以（如例69、例70，都不可以换成“倒”）。“倒”所关联的成分之间比较松散，可用于表示语篇层面的转折（如例71），而“却”多表示复句内部分句之间的转折（如例72）。

（69）他啊，相貌平平却十分地聪明。

（70）（幕阜山）的确像是天外飞来，独自地却又奇特地耸立在长江的南岸。（方绪军，2004，例71、72例同引）

（71）田大姑这时又昏昏沉沉，连眼睛也不愿睁开。……（中间隔三大段，内容是田大姑昏迷之后周围其他人的活动情况）他一闯进来，在大姑的身旁双腿一跪，“哇哇”地哭起娘来了。来的这人正是武男义雄。叫他这一哭闹，田大姑倒又清醒起来了。

（72）他喜欢夏天游泳，而我却喜欢冬天游泳。

第二，情景预设的差异。“倒”较比“却”更需要上下文等情景预设，因而也更偏向于篇章中的使用。下例中“却”如果换用“倒”，会显得突兀。如：

（73a）a 他们夫妻的月工资只有六百块，却生活得很好。

（73b）？他们夫妻的月工资只有六百块，倒生活得很好。

（73c）有些人拿的工资很高，可是觉得生活很空虚；他们夫妻的月工资只有六百块，倒生活得很好。

例 73a 句前后小句语义转折，符合“却”的使用条件，即出现异常情况；b 句则突兀怪诞，因没有背景预设信息而感觉表述不清。c 句在 b 句的前边补出了跟“倒”句形成对比的预设，句子就比 b 句顺畅得多了。

第三，位置与焦点差异。“倒”可以用在首发小句中，凸显前面焦点，而“却”不可以。

（74）这地方倒不错，就是住起来有点儿吵。

（75）损失点儿钱倒没什么，主要是别伤了人。

这两例由于出现在首发小句，且凸显“这地方”、“损失钱”话题焦点，因而都不能换成“却”，“却”多用来凸显述题焦点。再看下相关作品用法：

（76）问：有的人看见广告去买书，并不是真的想读这本书，而是起着哄的买。

朔：我倒不是起哄。我就是想买一套摆在那儿，说明我高雅。（王朔《文学与人生》）

（77）徐姐……人倒是好，就是水平太低！（王蒙《坚硬的稀粥》）

（78）果然，堂妹鼻子眼里哼了一声，嘟囔道："说得倒便利，要是有那么多黄油面包，我看现代化也就完成了。"（王蒙《坚硬的稀粥》）

以上三例转引自方绪军（2004），下面三例同。

第四，语气轻重差异。"倒"可以表示委婉的转折语气，"却"可以表示确定的转折，语气较重。如：

（79）娘年纪大了，身子倒还算硬棒，家里大小事体全靠娘一个人维持。

（80）夜深了，世界无比的安静。天气很冷，可是空气倒也新鲜。

（81）高玉宝今年已73岁了，可他的思维却还是那样的敏捷，他的心和我们的战士始终紧紧地连在一起。

例79中的"倒"是轻微转折，例80同理，这时后面多跟同表委婉让步语气的"还"、"也"。而例81，"可……却……"则是强势转折结构，语气确定，不容置疑。

3.2.4 状中、述补结构在语篇中的偏误

3.2.4.1 语篇偏误情况

状中、述补结构的运用是对外汉语教学的难点，学生由于母语中缺乏补语，故而在汉语习得时，经常把汉语补语变成自己母语中的状语来使用，母语在此产生了负迁移。下面是学生的例子：

（82a）我们班同学周末去卡拉OK，唱了很长时间，我们高兴地唱啊。

（83a）我不喜欢跟李知恩一起去爬山，她慢慢地爬了，追不上我啊。

（84a）那条很脏的牛仔裤，妈妈帮助我洗了，干干净净地洗了，我很感动。

这三句都该改为“得”字程度补语：

（82b）我们班同学周末去卡拉OK，唱了很长时间，我们唱得很高兴啊。

（83b）我不喜欢跟李知恩一起去爬山，她爬得很慢，追不上我啊。

（84b）那条很脏的牛仔裤，妈妈帮助我洗了，洗得很干净，我很感动。

由于这类补语是汉语独特的现象，留学生的困惑启发我们去关注：哪些情况该用状中或述补结构呢？这两者在选用上有什么特点呢？

3.2.4.2 状中、述补结构的相关研究

刘月华（1983）从语义重心角度谈到了状中结构重心在动词，而述补结构重心在补语。

王还（1984）认为程度补语多用来说明动作的实际情况、已发生或经常发生的动作，状语则常常强调施动者主观上以什么方式或态度行动，还可以说明尚未发生的动作。《实用汉语课本》采用了这一观点，如：“古波复习课文复习得很认真（动作的实际情况），我也要认真地复习（主观态度）”。再如：“他每天都来得很晚（经常发生），老师让他明天早点儿来（尚未发生）”。

王邱丕君（1992）则认为，上述句子也可以说：“古波认真复习了课文，我也要复习得认真一些”；“他每天都很晚来，老师让他明天来得早一点儿”。作者认为是能愿动词“要”（前一例）、致使动词“让”的使用（后一例），使状补发生了变换，从而得出了与《实用汉语课本》相逆的结论——这说明该问题依然需要进一步探讨。

前人为我们提供了许多有价值的研究，但均以“单句”为视角。近来有学者将研究扩大到了语篇层面（朱文文，2011）。通过对语料的观察，发现状中结构语篇具有事件链特征，重在叙述，占比为44. 3%，而述补结构则未发现具有这种语篇特点的用例。述补结构用例多具有评议性特征，游离于事件链进程之外，与后续事件不构成时间上的先后关系。该文非常有价值的地方就是告诉我们，许多句法现象，或许在语篇层面能找到更合理的解释。下面我们将延续这一思路进一步探讨。

语料来源为北大 CCL 汉语语料库，我们穷尽搜索了王朔的《动物凶猛》，以下例句除特殊标注外皆源于此。研究范围限定在这样的状中述补小句：

（85）那天晚上，我对父亲的盘诘表现得相当无礼，我一开口便坦率地承认了今天没去上课。这似乎使他失望。

（86）这时我才发现于北蓓手里拿着一管口红，她本来准备涂[得]厚厚的，给我脸上盖个清楚的章。

即动词前成分“坦率”既可做状语，又可挪到动词后做带“得”的程度补语“承认得很坦率”，不可前后互换的不作考虑，因为互换类是外国学生最容易产生偏误的所在。

3.2.4.3　状中结构小句链——顺接与描写

通过语料分析观察，我们发现，从语义关系看，跨标点状中结构小句多倾向于顺接关系。

（87）大家一边懒洋洋地走，一边前后左右地聊天，看见路边卖冰棍的老太太，便围上去买冰棍，然后再去追赶队伍。

（88）我们绕场一周雄壮地喊了些口号，和其他游行队伍共同制造了一些声势，便沿着大街往回走。

我们发现，状中结构后面的小句经常表现为与状中小句语义上的“顺接”关系。如例 87，这一串小句在介绍话题“大家”的一系列核心动作行为：“懒洋洋地走”后面是“前后左右地聊天”，再后面是“看见卖冰棍的”等，动作为焦点，以时间为顺序，所以选取了“状中结构”。若说“走得懒洋洋地”，此时焦点为“懒洋洋”，后面并未出现对“懒洋洋”进行补充描写的顺接小句（如“趿拉着鞋子歪戴着帽子”），故不会用述补式。

同理，例 88 侧重在新信息“喊口号”，“喊口号”后自然能“制造些声势”，依旧以动作顺序为时间链，“制造声势”小句与前面状中句语义非常自然地进行了顺接、相承。

从表述功能上看，状中小句更侧重描写，请看例子：

（89）在每一处街口都能看到数支队伍从不同方向浩浩荡荡走来，此伏彼起地振臂高呼口号。有的工人游行队伍还威风凛凛地敲着由三轮平板车拉着的大鼓。

（90）我沿着一扇扇窗前的杨树林走。脚下长满青苔的土地踩上去滑溜溜的，我的脚步悄无声息。前面大殿的屋脊上，一只黑猫蹑手蹑脚地走过。

例 89，前面在描写工人“此伏彼起地振臂高呼口号”，后面也应是“威风凛凛地敲”，形容词性状语是对动作、动作者进行修饰描写。不能接“敲得威风凛凛”，若如此，前面也应是先出现了“敲”的动作，或者将“大鼓”放于句首，“大鼓也敲得微风凛凛”。但“大鼓”做主语的述补结构与前面“数支游行队伍”做施事格式不一致。所以，无论从功能上看，还是从前后小句句式平衡上看，都该使用重在描写的状中结构。

例 90 前面都是描写句，后面“蹑手蹑脚”也在描摹黑猫的情态。描写功能一致、句式也平衡。

由此也可以看出，语篇中小句的选用，受到了前后小句及语篇整体功能的制约，是超越单句的。对搜集到的 75 个状中结构有效例句统计后我们发现，状语均为对动词、施事或宾语的描写；后续小句与状中小句为明显行为顺接、描写关系的有 66 例，约占 86 %。其他句或为终结句无后续，或为对状中结构句的解释说明，因而可以得出状中小句多体现顺接语义与描写功能的倾向性结论。

3.2.4.4 述补结构小句链——因果与评判

我们十分关心的是：在下面的例子中，为何作者没如上面例子使用“状中”，而换成“述补”了呢？

（91）这时我才发现于北蓓手里拿着一管口红，她本来准备涂得厚厚的，给我脸上盖个清楚的章。

（92）她对我很冷淡，不停地和别人说笑，玩笑开得比昨天晚上更加露骨，使得一屋人兴奋异常，开心的哄笑声几乎掀翻屋顶。

语料观察发现，从语义关系看，述补结构跨标点小句多倾向于因果关系。

例 91 可以说“厚厚地涂着，给我脸上盖个清楚的章”吗？似乎不行。述补结构焦点在“涂”的结果“厚厚的”上，后续小句从语义上说是“厚厚”的目的“盖章”，因果关系清晰，衔接紧密，语篇连贯完整；例 92，“得”字引领的述补句“露骨”是话语焦点，是“因”，后句的“一屋人兴奋异常”是“果”，两者在最近的距离内，完成了因果衔接。之所以在此没选用状中式的“露骨地开着玩笑”，是因为此时的焦点变成了“玩笑”了，“玩笑”本身难以“兴奋异常”，是“露骨”导致了“兴奋异常”。

再回来看留学生的例句 83a：“我不喜欢跟李知恩一起去爬山，她慢慢地爬了，追不上我啊。”从后续小句“追不上我”可知，原因是她“慢”，导致了“追不上”，“慢”是状中句的焦点，所以应表述为“爬得很慢”。学生错用了状中式，是未考虑后续小句与状中句的因果语义关联。

从表述功能上看，述补小句多侧重引出新信息、侧重评判：

（93）我冷冷地盯着她说，每个字都说得很清楚。

（94）他也狠狠抹眼泪，哭得很凶。

例 93，首发句出现了动词“说”，是第一小句的焦点。但在后面述补小句中，若继续以“说”为焦点（为旧信息）使用“很清楚地说”，就违背了语言的“线性增量原则”（逐渐增加新信息），因此作者在此增加了新信息“很清楚”，用旧信息“说”与前面小句衔接并引出了新信息，构成一“信息流（information flow）”。这一新信息侧重的是对“说”的评判。

同理，例 94，“抹眼泪”就是哭，所以后续述补句也引出了表示评判的新信息“很凶”。再回头看留学生的例子 84a：那条很脏的牛仔裤，妈妈帮助我洗了，干干净净地洗了，我很感动。“洗”在前面小句已出现，为旧信息，后续便不能继续以“洗”为焦点，而应引出评价信息，是“洗得干净”，用述补表评判的概念便能看出错误的根源。同时因“干净”而“感动”亦吻合了前后小句语义因果观点。例 82a 同理，不再阐释。

对 25 个带“得”述补句（“得”后为形容词，其他成分不在本文讨论之列。）统计后发现，23 个表评判，2 个有比字等较为复杂，评判比为 92%；述补句后有其他小句时，86% 的述补结构为因，后续小句为果。

3.2.4.5 状中、述补小句选用的句法标记情况

前面的论述，在句法层面是否有词汇、句式标记呢？状中小句链的时间顺序容易从动作先后中判断出，可述补小句的评判功能如

何证明呢？有学者（朱文文，2011）在 3391 例述补结构中发现，与“认为”类动词共现的述补用例共 637 例，约占总数的 18.8%。而 6048 例状中结构中，则未发现与此类动词共现的用例。也就是说，表主观看法的“认为”可以看作述补类倾向于评判的词语标记与证明。

另外，在 3391 例述补结构中，表主观态度评价的比较句共 862 例，约占总数的 25.4%（如：他哭得比谁都难过），而状中结构比较句占比仅为 3.8%。

表情感抒发的感叹句在述补小句中占比为 16.5%（如：他生活得多么幸福！），表说话人主观情绪如强调、质疑等的反问句占比为 12.4%（如：你不是完成得很好吗？），合计例句 2476，占比 73.0%。

换句话说，述补小句多与表主观态度的比较句、感叹句、反问句等共现，句式情况更进一步印证了“述补句侧重评判功能”这一结论。

3.2.5　表程度短语“太……了”、“可……了”在语篇中的偏误

3.2.5.1　偏误表现

汉语中表示程度“很”的短语不少，如“太……了”，“可……了”，“怪……了”等等。“怪”短语多表示负面情绪，如“天气怪冷的，还是别去长城了吧”，“怪难受的，不想上课了”。而前面两个短语，可以表示积极意义，也可以表示消极的，如：

（95）这个孩子太聪明了，大家都喜欢他。

这个孩子可聪明了，大家都喜欢他。

（96）这个孩子太笨了，什么都不会。

这个孩子可笨了，什么都不会。

从上面例子可以看出，似乎两者没什么区别，都表示程度，都

在中间使用形容词或者心理动词。于是，我们告诉学生：两个短语差别不大，一样。于是，学生生成了下面的超单句语篇：

（97）我昨天去了五道口，五道口真可热闹了。

（98）我终于来到了长城，我站在长城上说：啊，可美了！

（99）好多同学来到我们班，这下太热闹了。

这些例句读起来都不顺，那么哪里出问题了呢？

3.2.5.2 短语意义与相关研究分析

现代汉语中，“可”的意义很多，《现代汉语词典》将“可”分为可$_1$、可$_2$、可$_3$。

可$_1$：

① 表示同意，如：许可、认可；

② 表示许可或可能，“可以”，如：由此可见；

③ 表示值得，如：可爱、可贵；

④ “大约”义，如：年可二十；

⑤ 姓

可$_2$：

①副词，表示转折，“可是”义，如：他年龄小，志气可不小。

②表示强调，如：他对人可好了。你可来了，我等了好久了。

③用在反问句中加强反问语气，如：都这么说，可谁见过呢？

④用在疑问句中加强疑问语气，如：你可曾和他见过？

可$_3$：

“适合”义，如：这回倒可了他的心了。

《现代汉语八百词》、《现代汉语虚词例释》和《现代汉语虚词词典》以及杨慧芬《副词“可”的语义及用法》等对副词“可”都描述得非常具体，认为“可”在不同的句式中所表达的意义包括强调、赞叹、祈使、申辩等七八种类型（罗晓英、邵敬敏，2006）。

再来看下《现代汉语词典》对“太”的释义。“太”有5个义项：

① 高、大，如：太空、太学；

② 极，如：太古；

③ 身份最高或辈分最高，如：太祖；

④ 副词。a 表示程度过分，如：人太多了，教室里坐不下；b 表示程度极高，如：这办法太好了；c 很（用于否定），如：不太好；

⑤ 姓。

在“太”的已有研究中，副词“太”的意义公认有两个：一是表示程度高，多用于赞叹、企望的事；一是表示程度过头，多用于不如意、不企望的事。刘元满（1999，1）从教学的角度、单句的角度探讨了“了”的隐现条件问题。

而我们在这里所讨论的，是表示程度的“太……了”、“可……了”格式，中间加形容词与心理动词，如前面的例95组例96组。因为在这个语义与用法下，两种格式对于留学生来说，出现了混淆（见例97—99）。

3.2.5.3 语篇差异分析

由于单句中两者不易辨析，我们决定扩大研究范围，放在句群及上下文中看两者的差异。在北京大学CCL语料库中对200个有效例句（各100个）检索我们发现，两者表现出如下的用法倾向：

第一，“可……了”多在已然事实情况下使用（例100，里面有“小时候”，例101里面有“过去”），而“太……了”更偏向于在当前事实下使用（例102）：

（100）小时候，我奶奶[可]疼我[了]。有一天我上学去了，奶奶得了暴病。放学的时候，我在路上玩了一小会儿，踢一块彩色的石子。那块石子掉到山沟里，我去找它。我奶奶临死的时候，还一个劲儿叫我的名字。（毕淑敏《预约死亡》）

（101）“皇粮就是万岁爷赏赐给我们家的俸禄！”他望着我们满脸雾水似的样子叹叹气接着说：“唉，难怪你们不懂，你们念不起私塾啊！你们不知道，咱们这儿过去［可］风光［了］。自打明朝永乐年间……”（《人民日报》1995年5月）

（102）庞太监：［太］客气［了］吧？您看，全北京城谁不知道秦二爷！您比做官的还厉害呢！听说呀，好些财主都讲维新！（老舍《茶馆》）

例100、例101中的“小时候”、“过去”都说明了事实的已然性；例102中“您看”指示事情发生在当下。

第二，“可……了”侧重转述（见例103），而“太……了”侧重直述（见例104）。

（103）小白说，杜爷爷的饭［可］不好喂［了］。要实在不吃，别勉强。（毕淑敏《预约死亡》）

（104）可能我的脸色太悲哀，司机用一手打方向，也仄了身子，从小洞瞄了一眼。“［太］不像话［了］！”他突然低低地咆哮起来。“人家一个姑娘，无亲无故地为你说好话，你才上的车，容易吗？要是我，我是绝不拉你的！”（毕淑敏《翻浆（上）》）

例103中有“小白说”，是谈话人在转述小白的话；例104中“太不像话了”是司机的直陈。再回来看上文中偏误例98，便是说话人直面长城时的感叹，所以应使用“太……了”。

第三，“可……了”侧重评价功能，（见例105），“太……了”侧重感叹功能（见例106）。

（105）这是她到武汉参加社会实践活动时用移动电话与拉萨家中通话的情景，她告诉家里：“暑期的社会实践丰富极了，我锻炼了才能，也学到了不少新知识，收获［可］大［了］。”（《人民日报》1995年8月）

此例中“收获可大了”是说话人对整个社会实践的评价，“可……了”表示评价时多含有解释，语篇中多有进一步说明的小句。

（106）我被噎得没话回答，就说，这笔［太］贵［了］，没有那么多的钱。（毕淑敏《进当铺的男孩》）

“这笔太贵了”感叹笔过分昂贵，因此“太……了”表示感叹可以仅仅是唯一单句，不一定带进一步阐释的小句。

第四，两者存在句式、特殊词语同现差异（有些只能与“可……了”同用，有些则与“太……了”同用）。“太……了”用法更灵活：

（107）你说一声，我准保给你介绍，多了不敢说，一二十位女朋友不成问题，随意挑选！要是忧国呀，那也得有时有会儿的，不能一天到晚老发愁。你看我，一想到国事，就赶紧想一件私事，教两下里平衡；一个人不能不爱国，也不能［太］爱国［了］。（老舍《残雾》）

（108）他的笑意比刚才加重了好多，因为他的话是那么巧妙，居然把“乘人之危”变成“帮这个忙”，连他自己都觉得有点儿“［太］”聪明［了］，而不能不高兴一下。（老舍《四世同堂》）

（109）他看明白：儿子们自有儿子们的思想与办法，老人们最好是睁一眼闭一眼的别［太］认真［了］。因此，他并没怎样替瑞全担忧，也不愿多管瑞丰的事。（老舍《四世同堂》）

（110）他警告自己这回不要再［太］嫉妒［了］，没看见官与官永远应当拜盟兄弟与联姻吗？冠先生两臂像赶鸡似的抡动着，口中叱呼着：“走！走！把我的耳朵都吵聋了！”（老舍《四世同堂》）

通过例句观察发现“太……了”可以用在关联句式中，如例107，不能……，也不能……；也可以用在表程度轻微的短语“有点儿”后，如例108；还可以用在“不要 / 别”等否定句式中，如例109、例110。

而观察“可……了”句，则未发现上述用法，多是单独成小句，如：

（111）从一入秋到冬天，伦敦的热闹事儿[可]多[了]。戏园子全上了拿手好戏，铺子忙完秋季大减价，紧跟着预备圣诞节。有钱的男女到伦敦来听戏，会客，置办圣诞礼物。没钱的男女也有不花钱的事儿做：看伦敦市长就职游行。（老舍《二马》）

（112）我忙说，“这团条件不错，新盖了房子，练功房和宿舍[可]漂亮[了]。还要盖大剧院大酒店，专门接待外宾。以后我们团就是北京一个名胜了，旅游手册都要写上的，和四季青人民公社，‘全聚德’烤鸭店齐名。”（王朔《浮出海面》）

前文中例97，与“真”一起使用的是“太……了”，可以说“真太好了”而不能说“真可好了”；

例99中有“这下”，语料观察发现常用的是“这下可热闹了”而非“这下太热闹了”，在9个“这下”句中，连用“可”的比例占到100%，未发现一例用“这下太……了”。也就是说，小句中的一些特殊成分或者短语影响到了两者的选用，“可”与某些词同现，“太”与另一些词语同现。

关于两者的语篇差异，我们在此描述了一种倾向性，开拓了一个研究视角，会对对外汉语中高级教学有一定借鉴意义。日后应有更翔实的数据分析去验证我们的观察，这也是我们后续的工作。

3.3 语篇对句式使用的制约

汉语中有一些常用的固定句式，如“一旦”句式、“非……不可”句式、“由”字句式、受事话题句式、“把”字句、“被”字句等。这些句式，在教学讲解、课堂转换中，并不很难理解，如将这样的句子变成“由”字句：“这次会议，张先生负责安排有关事情”。学生很快会说出：“这次会议，由张先生负责安排有关事情。”

但在中高年级作文与成段表达时，却很少见到他们使用，尤其是正确地使用这些句式。为什么呢？那就是进入到上下文、进入语篇之后，学生不太清楚在何种小句后使用这类句式，如何与上下文恰当地衔接。下面我们便从语篇角度分析其对句式的制约问题。文中所用语料除中介语偏误部分来自留学生课堂作业外，其他未特殊标注部分，皆来自北京大学汉语中心 CCL 语料库，主要是老舍、王朔等几位作家的作品。

3.3.1 “一旦”句式的语篇分析

3.3.1.1 偏误情况

“一旦”有两个释义，一项为表示非常短的时间，如“毁于一旦”，另一项表示不确定的时间，可用于已然，表示“忽然有一天”（见例 113），也可用于未然，表示“要是有一天”（见例 114），我们关注的是第二项的释义：

（113）相处三年，一旦离别，怎么能不想念呢？

（114）水电站一旦建成，就能为我们提供充足的电力。

《现代汉语八百词》（1980）认为该词“多用于新情况的出现”，《现代汉语词典》（1996）释为“突然有一天”，对外汉语中级教材《桥梁》对“一旦”的解释是这样：

“第一，副词，相当于‘只要有一天’，用在条件分句里，表示有了某种条件就会产生相应的结果。如：你一旦改正了错误，就会得到大家的信任。

第二，表示跟过去不同的情况忽然出现，意思相当于‘一下子’、‘忽然’。如：他在故乡度过了童年，一旦离开，还真舍不得呢。”

应该说，教材的解释对外国学生更有针对性，更进了一步。

然而，按照这两种解释教学后，学生在给出前提句的练习中生成了如下的句子：

（115）？他们俩是相处十几年的朋友，一旦看到对方的脸，就知道他在想什么。

（116）？林区一定要注意防火，一旦防火做得好，就能得到奖励。

（117）？我们在一起工作了十几年，一旦开始工作，就知道互相的意思。

（118）？我们在一起工作了十几年，一旦下班，我就想你。

感觉这些句子疙疙瘩瘩，又出问题了。怎么回事？

3.3.1.2 相关研究

有学者从对外汉语教学角度，探讨过这个问题（彭小川，2006），认为“一旦”是具有语篇功能的连词，仅将视角投在“一旦”所在的小句，单纯概括其在该小句中所表示的意义，在教学中并不太合适。“一旦”句句式的特征是：

（非 p，）一旦 p，q。

“一旦”用于前一小句，提出或假设某种情况的出现，后一小句说明随之产生的结果，或面对此情况的做法、主张、希望。“非 p”是“一旦”句中语义上与“p”对立的一种预设，在语篇中以不用文字的形式出现为常。“p”具有可实现性；“非 p”具有现实性；“非 p”与“p”之间具有过程性和非延续性。

应该说，文章从语篇入手，对“一旦”进行了较为细致的考察，得出了一些有价值的结论。但笔者认为这种隐含对立的结论，并不是“一旦”独有的，“如果”句、“只要”句都隐含着未成事实的“非 p”概念（如：“如果你努力”隐含着“现在你不够努力”等）。于是我们进入北京大学 CCL 语料库，对老舍、王朔作品中的“一旦”句进行了穷尽搜索，得到有效例句 87 个（研究中为了深入阐释问题，也使用了部分教材报纸中的例句）。

为讨论方便，我们将首发句定为 X 句、后面衔接的“一旦”句定义为 Y 句，小句以及后续小句定为 Z 句。

3.3.1.3 语篇表现分析

我们知道，任何篇章、话语结构，都是一个表义单位。前后几个小句之所以形成衔接，是其信息单元间具有深层语义关系（郑贵友，2002）。“一旦”格式在语篇中小句间的微观语义关系，表现为因果关系、逆反关系、顺接关系。

第一，因果关系。

后面的“一旦”小句是为了解释前面 X 句的缘由，如：

（119）他们的头发虽剪去，可是留得很长，预备一旦恢复科举好再续上辫子。（老舍《牛天赐传》）

（120）最后，他必须规规矩矩，才能对得起将来的老婆，因为一旦要娶，就必娶个一清二白的姑娘，所以自己也得像那么回事儿。（老舍《骆驼祥子》）

“留得长”的原因是“一旦恢复科举好再续上辫子”，“他必须规矩”是因为“一旦要娶，就必娶个一清二白的姑娘”。这类情况可以有标志词“因为”，也可直接用“一旦”，但语义上，Y 后小句是对首发 X 句的清楚的释因。

第二，逆反关系。

这里的逆反是指语义上的对照与对立。

（121）说来也怪没趣的，夫妻本是最亲密无间的，可一旦一方意外死亡，另一方就马上成为最大嫌疑，连过去那么疼姑爷的丈母娘也反目成仇。（王朔《枉然不供》）

（122）我可就说不准了，即便现在喜欢你，一旦你老了，十之八九会去另觅新欢。（王朔《一半是火焰，一半是海水》）

例 121 中夫妻本是亲密的，在“一旦一方意外死亡”这一条件下，夫妻变成了对立关系，“成为最大嫌疑”。此时，“一旦”后小句 Z 句与首发 X 句语义上形成了对立。例 122 中 Y 句有与 X 句相关的对照词语，即 Y 隐含的“将来的老”与 X 句中的“现在”。因此，这种对立可以表示如下：

X，一旦 Y（就）Z ——→ X，一旦 Y（就）Z（非 X）

X，一旦 Y（就）Z ——→ X，一旦 Y（非 X）（就）Z

也就是说，对立可以表示为 Z 句与前句的对立，也可为 Y 与 X 句的对立，“一旦”后两个小句均可与前句构成语义上的逆反关系。逆反中有时有标志词“可”如例 121，有时也可无明显标志如例 122。

第三，顺接关系。

如果 Y 句是与 X 句同时表述一个事件，在逻辑上、发生顺序上呈链接式，“一旦”经常是对前一句子的细致描述或者进一步的说明，如：

（123）偏那些故事又像酒精一样易于挥发，一旦张口，顷刻弥于无形。（王朔《许爷》）

（124）我知道你自尊心很强，一旦受到挫折很难再蹈覆辙。（王朔《许爷》）

（125）更有一些人变得适应能力很差，一旦出门在外，不是腹

泻就是肝炎，人们不禁要问，这究竟是为什么？（教材《汉语速成阅读·中级篇》）

例 123 中，“一旦张口，顷刻弥于无形”是对 X“酒精”句的进一步阐释；例 124，后面的“一旦”也是在阐释X句“自尊心很强”；例 125Y 句阐释 X 句“适应能力很差”。在这种顺接中，表现出的是总分结构，前面是总括，后面是具体解释，语义一脉相承，逐层清晰明了。

除了上面谈到的小句间语义关系外，“一旦”在语篇内使用环境上，还有这样几个特点：与关联词语“如果”同现；警示性首发句后 Y 句的非常态性；Y 句的低可行性等。

语篇环境之一：与关联词语“如果”同现

“一旦”也含“条件假设”义，但这并不影响其与同表假设的“如果”的并用：

（126）他一天到晚思索这回事，计算他的钱；设若一旦忘了这件事，他便忘了自己，而觉得自己只是个会跑路的畜生，没有一点起色与人味。（老舍《骆驼祥子》）

（127）我还有个最后的请求，如果一旦变性失败，我恳求你们不要再试图给元豹重新装上。（王朔《痴人》）

（128）搬去和美丽的女孩子同住，这谁都不会有异议，如果一旦知道了我们的真正用心会不会登时为之一变，大吵大闹甚至发生更坏的事情——不干了？（王朔《痴人》）

“一旦”与关联词“因为”、“可是”连用较为常见，但从三十年代老舍到九十年代王朔的语料中，共见五个与“如果”连用之例。究其原因，是突出表达的假设色彩，降低“一旦”后事件发生的可能性。

语篇环境之二：警示性首发句后 Y 句的非常态性

在 X 为警示性的语句中，后续 Y 句有它使用上的突出特点，如报纸小说中经常使用的句子：

（129）奥运前一定要执行严格的登机检查，一旦发生意外，会造成极其严重的后果。

（130）林区一定要注意防火，一旦发生火灾，后果不堪设想。

（131）你们一定要保持高度的警惕，密切注意敌人的动静，一旦发现敌情，立即向我报告。

在这类警示语中，“一旦”后面引领的是非常态状况。“意外”不是每时每刻都发生的，是典型的非常态事件；后面的“火灾”、“敌情”亦如此，皆为突发的、偶然性的情况。由此我们也可以解释为什么前面留学生的例 116 的句子是不符合表达习惯的了，因为“防火做得好”不是突发事件，“预防得好没有着火”是一般常态情况，而在警示句中，多要求非常态的逆反的衔接，这样才符合“一旦”的“突然有一天”的语义。例 117 也不属于突发事件、非常态事件。

同理我们也不会说下面的句子：

（132）？奥运前一定要执行严格的登机检查，一旦检查得好，就会保证奥运会的平安。

语篇环境之三：Y 句的低可行性

“一旦”本身的语义就是“如果有一天”、“只要有一天”，昭示了其与前面 X 句的不平常性，不易实现性，传递了可行性偏低的特点。

（133）天赐又想象了：一旦自己成了大事，别人，哼，对我递嘻和，我也不答理！（老舍《牛天赐传》）

（134）这也类同于猛兽，只有关在笼子里是安全的可供观赏，

一旦放出，顷刻便对一切生命产生威胁。（王朔《动物凶猛》）

例 133 中牛天赐“成了大事”是一种可行性较低的现象；例 134“猛兽”被“放出”也是不太可能的事情。后续 Y 句的低可能性符合了“一旦”的“只要有一天”的语义。

上文中留学生的偏误例 115：对于两个好朋友来说，“看对方的脸”是可行性极强的行为，例 118“下班”也是日常可行的行为，并不具有难度等级，因此不适用于“一旦”之后，不能对前面首发句进行衔接。也有学生造出如下句子：

（135）我们在一起工作了十几年，一旦退休，就不能见面了。

这句话之所以通畅，是因为“退休”是一生只有一次的非随意的行为，所以适用于此。同理，我们再来看：

（136a）？她十几年来整夜整夜地失眠，一旦躺下，就睡不着。

（136b）她十几年来整夜整夜地失眠，一旦睡着了，也很容易醒来。

例 136a“躺下”是可行性强的普通行为，故不可用于此；而 b 句中对失眠者来说，“睡着”是低可行性行为，故而语句顺畅，所以，例 136b 可用。

3.3.2 “非……不可”句式的语篇分析

3.3.2.1 偏误情况

前面我们讨论了一些句式进入受限于语篇的问题，这里我们继续观察语篇对规则性单句的排斥现象。

“非……不可”短语结构在教学中很少会作为重点特别强调，因为其释义相对简单，较易理解。对外汉语教材《说汉语》第 42 页释为“一定要这样”；教材《口语中阶》第 83 页释为“一定要这样做”，起强调加强语气的作用；《实用现代汉语语法》释“非……

不……”为“如果不……就不……”，表假设关系，那么“非……不可”也就是“如果不……就不可……”。

按照这些解释教学，学生们在课堂上便生成了一个个令人满意的单句：

（137a）我每天非来上课不可。（学生本义：我每天一定来上课）

（138a）我非参加不可。（学生本义：我一定来参加）

（139a）我非吃泡菜不可。（学生本义：我每天一定要吃泡菜）

然而，当笔者有意让学生将上述单句扩展成语段，以求意义表达的清晰完整时，班级 21 个学生中三分之二的同学在语境、语义表达的连贯性、语气强弱等方面出现了问题。试举几例：

第 137 例，学生扩展成：

（137b）在中国学习的时间不长，只有五个星期，我每天非来上课不可。

“我每天非来上课不可”听着好像是有人不让他来上课似的。问及学生为何要用“非……不可”，他说为了表示对“每天一定要来上课”的强调，“强调”出了问题。

第 138 例，学生扩展后成了：

（138b）朋友请我参加生日晚会，我告诉我的朋友，晚上我非参加不可。

第 139 例，扩展后成了：

（139b）我和朋友去饭馆，朋友问我吃点什么，我说“非吃泡菜不可”，因为我每天一定要吃泡菜。

正确的单句进入语篇后其表达效果令人吃惊、引人深思。试想，我们母语为汉语的人，在以上情境中，会使用上述“非……不可”句吗？又如以下对话真让人觉得生硬莽撞，严重违背了语篇的“人际（interpersonal）”功能：

（140）A：晚上我请你参加我的生日晚会。

B：我非参加不可。

（141）A：你要吃点什么？

B：我非吃泡菜不可。

外国学生之所以出现上述问题，是因为我们仅仅告诉了学生“非……不可”是“一定要”的意思，起加强语气作用。这类偏误是以“单句”为“本位”的教授方法带来的问题。尽管我们说句子是能够独立运用的、表达完整语义的最小的交际单位，但现实的交际并非只是单一句子的交际，而是句接句的语篇交际。语言毕竟只在使用中存在（吕叔湘）。因而，下文中我们先汇总前人相关研究，再继续在语篇中挖掘它的使用条件。

3.3.2.2　相关研究

目前所见相关论文，有讨论后面“不可”的虚化省略问题的，如邵敬敏（1988）认为，“不可”的省略是“非X不可”格式长期使用、凝固后语义虚化所致。

王灿龙（2008）认为人们将“不可”隐去有两个关键性的因素，一是表达视角，二是韵律特征。从表达视角方面看，凡为当事人视角的表达，原则上“不可”都可以隐而不现，当整个表达是言者视角时，一般而言，“不可”原则上不能隐去。

也有讨论该格式中间用词的，如徐复岭（1981）指出动词及各种类型的动词性词组最常用来放在“X”的位置上，主谓词组可看作动词性词组的一种，所以它也可以用在这个位置上。“非”与“不可”之间很少用形容词，偶尔有用，但其形容词意义则发生了变化，多动词化了。

还有其他一些论文，但可以看出学界对“非X不可”格式的研究多局限于孤立、静态的单句，很少有学者从篇章的角度对该格式进行考察，也很少涉及对外汉语教学。田然在《语篇对留学生句式选择使用的制约简析》(2001，3）一文中对此格式有一定的探讨。

邢娜（2010）基于对外汉语教学，从篇章的角度对“非X不可”格式做了较为全面的分析，从形式衔接到语篇功能多有论述，得出了有参考价值的结论。

3.3.2.3 语篇表现分析

进入北京大学CCL语料库，对老舍、钱钟书等作品全面搜索后，得到132个有效例句，“非……不可”格式在语篇中的表现，可以归纳为以下几点。

第一，从上下文关联小句角度说，分说明句与未说明句两类。

一类是上下文对“非……不可”句多有具体阐释说明。也就是说，该句很少孤立存在，多是依存语境，与前后小句具有极高的关联度，或者能在上下文中找到衔接词语，或者语义上前后小句多有预设。

（142）在他心平气和了之后，他会怪不好意思和你再提起那件事，而即使不感激你，也要有点敬畏你。至于没有理的一面，因为你去调解而能逃脱了无理取闹所应得的惩罚，<u>自然就非感激你不可了</u>。(老舍《四世同堂》)

（143）王老爷又思索了会儿，有些无聊，还叹了口气：“都是太太任性，<u>非搬到日租界来不可</u>；假如现在还在法界住，哪用着这个急！怎办？”(老舍《讨论》)

例142为什么“一定感谢你”呢？前面说明了“你去调节，所以会逃脱惩罚”，所以感激你；例143为什么“非搬到日租界来不可”呢？前句“太太任性”是具体说明。这两例上文中的小句均对后面的“非”句做了具体说明。

另一类是上下文未有说明的小句。这类“非……不可”前面小句表现出了非常态性、高难度性。表现为“若能……，非……不可”。强调“非……不可”内含条件的必须性、唯一性。

（144）高松年自己在欧洲一个小国里读过书，知道往往自以为讲学，听众以为他在学讲——讲不来外国话借此学学。可是在外国大刊物上发表作品，这非有真才实学不可。（钱钟书《围城》）

（145）最后他听说韩太太是美国人，他简直改容相敬了，能娶外国老婆的非精通西学不可，自己年轻时不是想娶个比国女人没有成功么？（钱钟书《围城》）

例 144 为什么一定要有真才实学呢，因为前句提出了一个极高的条件“在外国刊物上发表作品”，这是很难达成的，故而后面使用了“非……不可”，凸显内含条件“真才实学”的必需性、唯一性。例 145 同理，能娶外国老婆，不是容易的事情，因而也必须有“精通西学”的条件。

第二，从主客观角度说，有主观意愿句，也有客观句。

主观意愿句表现为前句预设是“不可以……”，所以后面出现了“非……不可”。

（146）有这样一个例子，你也就能明白一点兵们是怎样的难对付了。你要是告诉他，汽车别往墙上开，好啦，他就非去碰碰不可，把他自己碰死倒可以，他就是不能听你的话。（老舍《我这一辈子》）

（147）他越这样说（不必帮我），我越感到非帮他复习不可。（王火《夜的悲歌》，载于《十月》）

（148）这种数量形结构里的形容词，有时可以不要……但有时非要不可。（《邢福义自选集》）

例 146 前面出现了“别碰墙”，后面是“非去碰墙不可”，与前面预设相反，表示主观上强烈的逆反情绪；例 147 前面说“不必帮他复习”，后面出现了“非帮他复习不可”；例 148 前面是“有时可以不要”，后面出现了“有时非要不可”。这类前句预设不可，后句为“非……不可”的例子，在所有例句中占比最高，有 29 个，达 21.9%

客观句前面没有明显的否定词语，这时使用“非……不可”往往表现为不情愿、无奈等消极情绪。

（149）我怕见生人，怕办杂事，怕出头露面；但是到了非我去不可的时候，我便不得不去，正像我的母亲。（老舍《我的母亲》）

例 149 中我是不想去的，然而不得不去，必须去，此时便有无奈的性质。又如：

（150）“我爸都六十多了，最近却非要学跳舞不可。”

按照常理，六十多的人本来不该这么爱学跳舞，可是呢，他“不让学不行”。“坚决要学”，说话人毫无办法的态度一览无遗。

第三，从已然、未然角度说，可以用于已然事实，也可以用于未然情况中。用于已然事实中主要是表示强烈的个人意志。

（151）举人公不允许他们定婚。梦莲开始感到生活的趣味。不央告，不屈服，她准备宣战。假若不是这个刺激，她也许刚答应了一山，马上就再向他解除婚约。可是，举人公的抗议，使她决定了非如此不可。趣味由定婚移转到战斗上来。（老舍《火葬》）

（152）我劝您别把财产都出手，您非都卖了开工厂不可！（老舍《茶馆》）

例 151 中，父亲不让她订婚，她便已经下定了决心开始战斗；例 152 中，卖了所有的财产开工厂，也是已经完成的事情。

用于未然情况中表示对未来的推测、预估。

（153）你，你做过公务人员和教员，知识分子，东洋人来到，非杀你的头不可！（老舍《恋》）

（154）伊牧师的宗教上的尊严到了这条街上至少要减去百分之九十九：往前迈一大步，那支高而碍事的鼻子非碰在老太太的小旱伞上不可；往回一煞步，大皮鞋的底儿（他永远不安橡皮底儿）十之八九是正放在姑娘的小脚指头上。（老舍《二马》）

例153东洋人现在还未到，所以，“杀头”只是一种对未来情形的预估；例154，洋人的大鼻子“碰到旱伞”，也是尚未发生的情况。也就是说，“非……不可”格式可以用在已然句，也可以用现在句，还可以用在推断性质的未然句中。

3.3.3 受事话题句的语篇分析

什么是受事话题句呢？请看下面的例子：

（155）马林生呆呆地坐下，那个民警拿出马锐的书包和一把大螺丝刀放在桌上。“事儿大概你也知道了，我就不从头细说了。情况就是这样儿……他现在在医院呢，你快去看看吧，书包你拿走，这改锥我们就没收了。”（王朔《我是你爸爸》）

这里，“书包”按照传统的分析是受事成分，然而该小句并没有按照常见的“施事—动—受事”来构成句子“你拿走书包”，而是将受事部分置于施事主语之前。我们认为，此时受事成为前后小句谈论的一个“话题”，因而称为“受事话题句”。在下面的综述部分会对此做进一步说明。

由于该类型小句与常规汉语句式有所不同，因而，对外国学生来说，便很难把握，容易出现偏误。

3.3.3.1 偏误表现

下面是留学生的使用情况，老师在检查作业，提出问题，学生这样回答：

（156）老师：马克，作业你写了吗？

留学生：我写好作业了。（比较：作业我写好了）

（157）今天上课老师给我们学习一篇课文，但是，我以前学过这篇课文了。（比较：这篇课文我以前学过了）

留学生在这里通常是规规矩矩地按照汉语基本句法格式“施事—动—受事”来造句，然而在具体语篇中，受事话题句却往往是更好的选择。那么，受事话题句在语篇中，到底有哪些表现呢？我们先看下相关的研究。

3.3.3.2 相关研究

关于该类型句式的称谓问题。

黄伯荣等的《现代汉语》（2007）称之为“受事主语句”，张赪等（2008，2009）称为“受事前置句”。话语分析方面的学者，如曹逢甫（1995）等，将其称为“话题句”。他认为“话题”属于语言的使用层面，是句子谈论的内容，并且常常延伸到后面小句，是属于语段平面的。这与“主语”不同，主语更多的是与动词有关系，属于句法层面。我们在此便采用了曹逢甫的观点，因为是语篇内的研究，故名“受事话题句”。

关于话题的研究，文章非常多，如徐烈炯、刘丹青（2004），屈承熹（2004）等，但与“受事话题”相关的研究却不常见。

陈平（2004）在论述“话题—陈述结构”时，提出了汉语的话题结构应为三种，左向移位句（LD）、话题化结构（TOP）、双主语结构（即汉语中的双项名词句），但陈平在此的侧重点是汉语的“话题类型”。

童剑平、周国强（2010）基于对语料的考察，给出了受事话题句的 7 种形式；

彭锦维（2005）发现，在对外汉语教学的过程中，受事前置在初级阶段的早期就已出现，有“西瓜、葡萄我都要”、“香蕉和梨小李都不吃”这样的句子，学生理解的正确率几乎是百分之百，但他们对这类句子的使用能力却与理解力不成正比。应该说，彭锦维从应用出发，已经关注到了这类句子习得困难的问题。

上述相关研究成果多从句子出发，直接从语篇角度探讨受事话题的文章目前仅见潘欢欢（2012）的硕士论文。该文在语篇框架下，对受事话题句的句法构成、与上下文的衔接、功能做了初步的分析，为我们下面的研究提供了参考。

3.3.3.3　语篇表现分析

对受事话题句，我们主要是从应用角度，关注它在语篇中与上下文的关系怎样，何时使用它，为什么在特定语篇环境中不能用常规句式表达等内容。对王朔等作家的语料进行观察后，我们从衔接关系、话题连续、焦点凸显等角度对此进行分析。

第一，受事话题句具有衔接作用。

（158）“……你傻就傻在不懂得这条做人的基本规则：当权威仍然是权威时，不管他的错误多么确凿，你尽可以腹诽但一定不要千万不可当面指出。”马林生怜爱地望着儿子，语气沉重地说：“爸爸的其他话你可以当耳旁风，但这点请你一定牢记。如果通过这件事，你能记住这个教训，那对你的成长倒是个帮助，否则你才是白吃了这顿苦头！”（王朔《我是你爸爸》）

（159）因此，祥子的沉默与不合群，一变变成了贵人语迟；他应当这样，而他们理该赶着他去拉拢。“得了，祥子！说说，说说你怎么发的财？”这样的话，祥子天天听到。（老舍《骆驼祥子》）

例 158 中，“这点”作为回指，指称前面爸爸谈到的人生经验、做人准则，与前面段落构成了衔接；例 159 中“这样的话”，回指前面别人问祥子如何发财的段落，置于句首便与前面构成了紧密的衔接关系，使得行文更加连贯。

第二，受事话题句具有话题连续、扩展功能。

（160）“收起你的自尊心吧，你现在还顾得上它？”马林生讥讽地望着儿子，“你现在就不能把自己当人。按我写的把检查抄好，明天交到学校去。”“这检查我不想交。”马锐盯着爸爸，“我不想用糟蹋自己换取别人原谅！”（王朔《我是你爸爸》）

例 160 中，前面一直在谈论孩子写“检查”的事情，后面孩子用“这检查我不想交”，对前面的话题进行了延续。上文中的偏误例 156、例 157 即违背了话题连续原则，后面小句没能与前面小句构成紧密的衔接。受事话题句除了延续话题，还可以对话题进行扩展描述：

（161）鲁大海：哦，好，好，（切齿）你的手段我早就领教过，只要你能弄钱，你什么都做得出来。你叫警察杀了矿上许多工人，你还——

周朴园：你胡说！

鲁　妈：（至大海前）别说了，走吧。

鲁大海：哼，你的来历我都知道，你从前在哈尔滨包修江桥，故意在叫江堤出险。（曹禺《雷雨》）

例 161 中鲁大海告诉周朴园“你的手段我领教过”，然后便对“手段”进行了说明。“你的来历”中也是一样，后面具体介绍周朴园发家的经过。这种受事话题表述方式，可以提醒听者更关注话题以及话题后的陈述部分，以达到说话人“揭露真相”的交际目的。

第三，受事话题句具有焦点凸显功能。

（162）宋建平有些生气了，“林小枫！别过分啊！”

“你我算是看透了……”话未说完，林小枫哽住，但那双含泪的眼睛准确表达出了话语未尽的意思，那眼睛里满是厌恶鄙夷。

“看透了吧？看透了好！我就是这么个人，知足常乐，清心寡欲，淡泊名利……”（王海鸰《中国式离婚》）

例 162 妻子林小枫要表达的是看透了丈夫宋建平，而不是别的什么人，所以采取了受事话题形式，此时被凸显的部分“你”往往使用重音。如果使用“我算是看透你了”便十分平淡，难以传神地描绘出妻子的愤怒。例 163“简单的事情”与后面的“实质问题”做对比，提前后成为凸显的对比焦点：

（163）“你们谈吧。”齐怀远那个叫铁军的儿子正儿八经地说，“简单的情况我和马锐已向你们各自介绍过了，你们可以直接进入实质问题。走吧老马。”他招呼马锐。（王朔《我是你爸爸》）

第四，受事话题句具有平衡功能。

当受事部分过长时，置于动词后会破坏句子的平衡关系，头轻脚重。此时提到主语前，可以起到平衡句式的作用，这也是交际表达策略的需要，因为后面受事过长会影响听者对语言的理解。

（164）“你这样做，心里就没有一点儿……内疚的感觉吗？”

“于己有益，于人无害，我干吗内疚？”

“也永远不告诉娟子？”

“当然。为了自己的轻松而忏悔、而把包袱卸给对方的事情，我绝不会做，那不道德。”（王海鸰《中国式离婚》）

例 164 中若是“我绝不会做为了自己的轻松而忏悔、而把包袱卸给对方的事情”，必然会加大理解障碍。

第五，受事话题句具有已知信息凸显功能。

人的认知过程往往是从已知到未知的，在句子表达上，也遵循由已知信息到未知信息的规律，即句首是已知信息，句末是未知信息。在特别的场景下，言语双方将已知的信息提到句首进行谈论，构成受事话题句，可以凸显出一种心照不宣、心有灵犀的意境，达成特定的交际效果。

（165）“你很适合穿西装。”他听到她说。他没说话。“你去的那个爱德华医院，好吗？”她问。他还是不说话。“老宋，那件事我想跟你谈谈，你什么时候有空？”

这次他不能不说话，于是装傻，“哪件事？”“评高级职称的事。”

“噢，那事啊。那事儿我觉得已经很遥远了。”（王海鸰《中国式离婚》）

例 165 中“那件事”提到句首便为已知信息，便是交际双方都清楚的事情，所以“他”就没法继续装糊涂了。

综上，受事话题句进入语篇，受到上下文衔接、话题连续、焦点凸显、句式平衡、已知信息等多方面的制约。教学中多设计这方面的练习，使学生对汉语表述形式有更多的了解，会加快对该句式的习得。

3.3.4 “由”字句的语篇分析

3.3.4.1 偏误情况

汉语中的“由”字句式，主要是用来强调施事、引出动作行为的发出者的，学生在使用时，往往会漏掉“由”字；有时“由”字句也含被动义，外国学生受母语影响，多将“by”义直接表述成“被”，因而出现了下面的偏误：

（166）那个电影特别有意思，那里的男演员很帅，是被布拉德·皮特扮演的。

（167）我们班的新年晚会，应该有个主持人，同学们说说吧，被谁主持好呢？

（168）老　师：这次旅行，由谁带你们去啊？

留学生：这次旅行，办公室的老师带我们大家去，所以没有问题的。

前两个例子中的“被”都应改成“由”，而例 168 中则是缺省了强调“人”的“由”字，也就是说，留学生或者与“被”混淆，或者回避使用“由”字，那么我们下面关心的就是：“由”字句在语篇中使用有哪些特点？与“被”字句的明显差异是什么？还是先回顾相关的研究。

3.3.4.2 相关研究

吕叔湘（1980）《现代汉语八百词》中谈到做介词的、与本文相关的“由”的情况是：“由”引出施事，基本句式为：

A 式：N_1 由 N_2+V，如，这个活动由小王主持；

B 式：由 N_2+V+N_1，如，由小王主持这个活动。

吕文华（1985，2）在《“由”字句——兼及“被”字句》中对“由”字句中的动词、名词及所充当的句法成分做了论述，与“被”

字句在句法层面做了区分，并提到影响“由”字句出现次数多少的因素似乎与话题有关。

朱其智（2002，4）在《“由”字句的语篇分析》中以两种话题的推进模式来探讨语篇对两类施事“由”字句的制约关系。第一种是平行式话题推进模式，并以话题和述题的关系分列了三种下位模式。第二种是链接式话题推进模式，在链接式中，其两种下位模式对两种句式的选择具有严格的约束力。

张谊生（2004，3）指出A式“由”字句是一种结构被动句，在结构上与一般的被动句基本一致，由受事充当主语，B式“由”字句是标记被动句，“由”是标记词。文章认为两类“由”字句是相辅相成的互补句式，既互有分工，又可以相互转换，不同句式的选择往往与复句关联、篇章衔接有关。接着文章又从“由”、“被”两者的核心论元、谓语动词、语义重心等方面对两个句式做了区分。

关于A式句和B式句，尽管两者的受事成分句位不同、附带的情态色彩不同、强调的表意重点不同，但两者的施受关系完全相同、所表语义基本一致，因而有学者（张谊生，2004）认为两者非常接近，甚至难以区分，并不是相反相对的对称句式，而是一对相辅相成的相关句式。

据前人的研究可以发现，从最早的吕叔湘先生的分类到后续学者的研究，对“由”字句的观察开始逐步从“句子”进入到了“话题链、篇章”内的探索。我们在下文中便结合上述成果、着重关注“由”字句进入语篇的表现问题（而不着重区分两个句式）。

3.3.4.3　语篇表现分析

“由”字句在语篇中的运用情况，可以归为如下几种：

第一，引入话题，并突出、强调所引入部分。

（169）年过得很简单。母亲还不能下地，二姐被调去做专员，

一切都须由父亲操持。父亲虽是旗兵，可是已经失去二百年前的叱咤风云的气势。（老舍《正红旗下》）

（170）……搓着手咂着舌要了一碗炸酱面。但端来以后，看不中看，吃不中吃，总觉得是赝品。的确，炸酱面这类家常便饭，必得由家里做、在家里吃，才口里口外都对味儿。所以炸酱面里实际上又凝聚着一种家庭之美，亲情之美。（刘心武《炸酱面》）

例169引入“父亲”，后面“父亲”也继续成为本段的话题，强调突出“父亲”在家里的重要性；例170引入“家里”，突出“炸酱面”与“家里”的密切关系。而上文中偏误例168，“办公室的老师”是新的话题，新引入的部分，是关注的焦点，应该加“由”字表意才完整连贯，且与问句保持句式的一致，不加“由”则使得全句缺乏凸显点。

第二，凸显指派、分配任务含义。

“由”字句在语篇中往往表示所引入的动作发出者并不完全是自主或者自愿发出后续行为的，上下文小句中经常会有别人的要求、敦促、安排，也就是说，使用“由”字句凸显了一种指派含义（张谊生，2004），请看张谊生的例子：

（171a）下面，由青山他哥蓝天演唱：最大的人民币是十块，最小的人民币是一分……（王朔）

（172a）宁礼民和吕欧把那只大钱包取回来以后，在马俊仁的办公室，由张娟拿着纸笔、计算机，给每一位队员结账，一个一个来。（赵瑜）

试比较不用“由”后的例句：

（171b）下面，青山他哥蓝天演唱：最大的人民币是十块，最小的人民币是一分……（王朔）

（172b）宁礼民和吕欧把那只大钱包取回来以后，在马俊仁的办公室，张娟拿着纸笔、计算机，给每一位队员结账，一个一个来。（赵瑜）

例171a“由青山他哥演唱”可以看出是别人安排的行为，而例171b“青山他哥演唱”则没有这样的格式附加义，可能是他的“主动”演唱。例172a也如此，“张娟”所做的工作，是别人指派的、安排的，而例172b“张娟拿着纸笔”则是对张娟行为的客观描述，并不能看出别人“指派”的含义。所以，在这里，“由”字句的使用突出了一种格式含义，并不能说用“由”与不用都是一样的，不仅仅是简单的“强调动作发出者”之意，“由”并非是“羡余”（redundancy）成分。

第三，“由”字句多以后续小句出现。

语料观察发现，“由”字句很少作为语篇中的首发小句，多在第二个及以后小句中出现，几乎没有例外（张谊生，2004）。笔者对语料的搜集后也发现了这个情况，支持这一论断，如下面从这四位作家文本中随机抽取的例子，“由”字句都处于第二小句（含第二小句）之后：

（173）他写了无数小说、戏曲、散文和诗歌，感动、启发、甄陶了数不清的中学生。在外国，作品销路的广狭，要由中产阶级的脾胃来支配。（钱钟书《灵感》）

（174）他刚要进自己的屋子，冠先生，大赤包，蓝东阳一齐来到。两束礼物是由一个男仆拿着，毕恭毕敬地随在后边。大赤包的声势浩大，第一声笑便把枣树上的麻雀吓跑。第二声，把小顺儿和妞子吓得躲到厨房去。（老舍《四世同堂》）

（175）世界很大，机会很多，特别是在南方；我暂时没走，是因为我知道我走了以后，仍会有另一个人来填补我的位置，那完全没有必要由两个人来做的事，就更得由两个人为做而做地做下去。（刘心武《白牙》）

（176）杀没杀人不凭你说，得由我们来定，要是你仅仅因为相信自己不可能杀人就，那你就大错特错了。我不是威胁你。（王朔《我是“狼”》）

张谊生对此的解释是“用有标句作为首发句在信息传递上必然会出现信息的缺省或中断”。而笔者同时也认为，“由”字句从词源学上讲有“顺从、凭借”之意（如：信马由缰、由此可知），从古代汉语的源头来看它就经常表示引入主体成分（“由此可知”，前面一定论述了“此”是什么），而这一引入应与“事件”相关，那么“事件”在哪里呢？自然是先行交代，处于“由”字结构之前，“由”字句便当然地出现在后续小句中了。

归纳起来，“由”字句在语篇中，从功能上看是引入话题，凸显强调所引入的部分；从语义上看，往往含有“指派”、“分派任务”的含义，这是该构式所带来的；从语用上看，“由”字句多出现在第二小句后，极少出现在首发小句。

3.3.4.4　“由”字句与“被”字句的语篇差异

关于两者的差异，学者们多从句法角度进行论述，如吕文华（1985）谈到了“由”前名词成分的构成、“由”后动词构成与“被”的不同等。张谊生从“核心论元”角度对二者进行了区分，认为“由”后施事成分的地位与“被”后不同，“被”后成分可以省略，而“由”后不能。“由”前受事成分多具无指性（nonreferential），而“被”前受事多具有指性。从语篇连贯性角度看，其主要差异体现在下面两点（张谊生，2004）：

第一，“由”字句重施事而“被”字句重受事。

请看张谊生的三个例子：

（177）其实近日秦可信已逸出，由与其身量面容相近的家人佯装他醉卧不起，竟未能被监视者觑破，仇深也自然被其瞒过。（刘心武）

（178）他被流放后一直靠一起流放的朋友杨越照顾他，后来他年老体衰，实在想离开那个地方，杨越便想了一个办法，让他躲在一个大瓮里由牛车拉出去。（余秋雨）

（179）小东西呆呆地站起来。……小东西被翠喜拉着出去。（曹禺）

例177中强调的是“由”后的“家人”，而后面“被”字句强调的是受事“仇深”这个人。例178强调“拉出去”使用的工具是特别的“牛车”而例179中同样是“拉出去”则强调的是“小东西”这个姑娘，受事成分。

前面留学生的偏误例166就是在强调施事，而不是强调受事，是“布拉德·皮特”扮演的角色，所以应使用“由”字而非“被”字，例167同理。

第二，“由”字句多表动作而“被”字句多表结果。

“由”字句通常不带补语，因为其焦点在动作本身；而“被”字句一般要带补语，因其焦点在描述结果。请看张谊生的两个例子：

（180）根据安排，这批新转来的SARS病人，将全部由二军大医疗组的护士们照顾。

（181）幸而枝子的最高处还挂着几个未被小顺儿的砖头照顾到的红透了的枣子，算是稍微遮了一点丑。（老舍）

这两个例子动词相同，都是“照顾”，但前面一个重在“照顾”行为，因“由”字更关注动作发出者是谁以及他们做了什么，而非

"做"的结果。后句重在"没被照顾"的结果，也就是"还有几个枣子未被打下，还挂在枝头"。更明显的例子如：

（182）年轻的父母只好把孩子送到幼儿园，可是孩子没被幼儿园照顾好，得了重感冒。

（183）年轻的父母上班很忙，只好把孩子送到幼儿园，由幼儿园照顾。

例 182"被"字句主要凸显"没被照顾好"的"结果"，也就是"得了重感冒"；而例 183 则强调父母上班，孩子是"幼儿园"在"照顾"。换句话说，"由"字格式强调"谁"在做什么事情，而"被"字句在强调谁最后"怎么样"了。

还有一点，就是"被"字结构多表示不如意的、消极的情绪——这点许多语法书都有提及，在此不再赘述。"由"字未有明显的该类倾向，例句可以看前面。

除了上述两点差异外，其实也可以从衔接形式、衔接词语所处位置、话题推进、语篇风格差异对两句式的选择差异等角度去分析，这也是我们后续的工作。

本章我们探讨了语篇对词法、句法项目、句式等的兼容问题，如"动词 + 一下"、"一旦"句、"非……不可"句等，通过讨论我们发现，规则性句法项目、句式进入语篇中，会受到诸多因素的制约。这些因素包括话题凸显、焦点强调、形式衔接、语篇中的小句位置（首发句还是后续句）、语篇风格等。

其实，对非规则性单句，语篇也往往会表现出它的兼容性来（田然，2001，3）。

比如，对"了"字句，按照《现代汉语进修教程 • 语法篇》（樊平等，1988）第 122 页的解释，"他看了球赛"这个句子便不太好，因为宾语过于简单，应该说“他看了一场球赛”。可是在进入段落时，那个看似不太好的句子却似乎没有什么毛病，如“他看了球赛，又马上接着看体操，一直看到后半夜。”还有，“昨天他去王府井”，单看也有问题，可是若将其放在段落中，“昨天他去王府井，买了一双牛皮鞋，才六十多块钱。”则非常通顺。那么这又是什么原因呢？是否与前面的因素一致呢？抑或是叙事语体所独有的现象？

关于语篇对句法的影响这个问题，有学者（方梅，2007）从语体角度进行了探讨，认为典型的叙事语体与说明语体等对句法的塑造是不同的，这与吕文华（1985）研究“由”字句时所发出的“不同体裁会影响‘由’的使用”这一猜测异曲同工，只是这些猜测需要进一步的证实。那么，我们在第四章，便会从几个方面论证语篇对句法的“制约因素”。

参考文献

曹逢甫著，谢天蔚译，1995，《主题在汉语中的功能研究——迈向语段分析的第一步》，北京：语文出版社。

陈　平，1987，汉语零形回指的话语分析，《中国语文》第5期。

陈　平，1987，话语分析说略，《语言教学与研究》第3期。

陈　平，1994，试论汉语中三种句子成分与语义成分的配位原则，《中国语文》第3期。

陈平著、徐赳赳译，1996，汉语中结构话题的语用解释和关系化，《国外语言学》第4期。

陈　平，2004，汉语双项名词句与话题—陈述结构，《中国语文》第6期。

陈　颖，2013，“由”字句的语篇分析，北京语言大学硕士学位论文。

戴桂芙、刘德联，1996，《对外汉语教学法研究》，北京：北京大学出版社。

樊平等，1988，《现代汉语进修教程·语法篇》，北京：北京语言学院出版社。
方　梅，1995，汉语对比焦点的句法表现手段，《中国语文》第4期。
方　梅，2005，篇章语法与汉语篇章语法研究，《中国社会科学》第6期。
方　梅，2007，语体动因对句法的塑造，《修辞学习》第6期。
方绪军，2004，表示转折的"倒"和"却"，《语言科学》第5期。
侯学超，1998，《现代汉语虚词词典》，北京：北京大学出版社。
胡壮麟，1994，《语篇的衔接与连贯》，上海：上海外语教育出版社。
黄伯荣、廖序东主编，2007，《现代汉语》第4版，北京：高等教育出版社。
黄南松，1995，论省略，《汉语学习》第6期。
黄南松，1996，现代汉语叙事体语篇中的成分省略，《中国人民大学学报》第5期。
黄南松，1997，省略和语篇，《语文研究》第1期。
黄南松，2001，现代汉语的指称形式及其在篇章中的运用，《世界汉语教学》第2期。
黎锦熙，1955，《新著国语文法》，北京：商务印书馆。
廖秋忠，1984，现在汉语中动词的支配成分的省略，《中国语文》第4期。
廖秋忠，1992，《廖秋忠文集》，北京：北京语言学院出版社。
刘辰诞，1999，《教学篇章语言学》，上海：上海外语教育出版社。
刘丹青、徐烈炯，1998，焦点与背景、话题及汉语"连"字句，《中国语文》第4期。
刘建霞，2005，韩国留学生叙事语篇中名词性词语省略的偏误分析，北京语言大学硕士学位论文。
刘元满，1999，"太+形/动"与"了"，《语言教学与研究》第1期。
刘月华，1983，《实用现代汉语语法》，北京：外语教学与研究出版社。
卢福波，2000，关于"太"字结构的教学与研究，《世界汉语教学》第2期。
吕叔湘主编，1980，《现代汉语八百词》，北京：商务印书馆。

吕叔湘，1986，汉语句法的灵活性，《中国语文》第1期。

吕文华，1985，“由”字句——兼及“被”字句，《语言教学与研究》第2期。

罗晓英、邵敬敏，2006，副词“可”的语义分化及其语用解释，《暨南学报》第2期。

马丽君，2012，对外汉语中“主语省略”的教学研究——以蒙古国学生省略习得研究为例，吉林大学硕士学位论文。

潘欢欢，2012，受事话题句的篇章考察，北京语言大学硕士学位论文。

彭聃龄主编，1997，《汉语认知研究》，济南：山东教育出版社。

彭锦维，2005，现代汉语受事前置句研究，北京语言大学博士学位论文。

彭小川，1999，论副词“倒”的语篇功能——兼论对外汉语语篇教学，《北京大学学报》(哲学社会科学版）第5期。

彭小川，2006，说“一旦”，《世界汉语教学》第1期。

钱乃荣，1989，话题句与话题链，《汉语学习》第1期。

屈承熹，2003，《汉语篇章语法》，北京：北京语言大学出版社。

屈承熹，2004，话题的表达形式与语用关系，收录于徐烈炯、刘丹青主编《话题与焦点新论》，上海：上海教育出版社。

邵敬敏，1988，“非X不Y”及其变式，《中国语文天地》第1期。

邵敬敏主编，1992，《九十年代的语法思考》，北京：北京语言学院出版社。

孙颖、郭继懋，2011，副词“倒”的基本意义，《南开语言学刊》第1期。

田　然，1997，外国学生在中高级阶段口语语段表达现象分析，《汉语学习》第6期。

田　然，2001，语篇对留学生句式选择使用的制约简析，《海外华文教育》第3期。

田　然，2003，现代汉语叙事语篇中NP的省略，《汉语学习》第6期。

田　然，2004，叙事语篇中NP省略的语篇条件与难度级差，《语言教学与研究》第2期。

田 然，2005，留学生语篇中 NP 省略习得顺序与偏误，《云南师范大学学报》（对外汉语教学与研究版）第 1 期。

田 然，2006，叙事语篇中 NP 省略的研究意义，《云南师范大学学报》（对外汉语教学与研究版）第 6 期。

田 然，2007，“既 A 又 B”格式中 A、B 共现的条件分析，《云南师范大学学报》（对外汉语教学与研究版）第 4 期。

田 然，2009，话语结构中“x，一旦 y（就）z”格式研究，《云南师范大学学报》（对外汉语教学与研究版）第 3 期。

田 然，2010，语篇对句法的制约探究，《云南师范大学学报》（对外汉语教学与研究版）第 4 期。

田 然，2012，语篇对状中 / 述补结构选用的制约，《云南师范大学学报》（对外汉语教学与研究）第 2 期。

童剑平、程力，2009，汉语句首受事话题的语篇关联及其认知动因，《东北师大学报》（哲学社会科学版）第 1 期。

童剑平、周国强，2010，句首受事话题句及其英译，《解放军外国语学院学报》第 33 卷第 4 期。

王灿龙，2008，“非 VP 不可”句式中“不可”的隐现——兼谈“非”的虚化，《中国语文》第 2 期。

王功平，2007，“倒”与“却”的交际功能对比研究，《暨南大学华文学院学报》第 2 期。

王 还，1984，汉语的状语与“得”后的补语和英语的状语，《语言教学与研究》第 4 期。

王邱丕君，1992，补语与状语的比较——从《实用汉语课本》说起，《语言教学与研究》第 4 期。

王维贤，1985，说“省略”，《中国语文》第 6 期。

王文楠，2011，叙事和议论语篇中的省略研究及韩国学生偏误分析，吉林大学硕士学位论文。

温锁林、王倩，2007，说“倒”，《对外汉语研究》第3期。

吴中伟、傅传凤，2005，“倒”字句的含义及教学，《汉语学习》第4期。

邢福义，1993，《刑福义自选集》，郑州：河南教育出版社。

邢　娜，2010，篇章视角下的“非X不可”格式分析，北京语言大学硕士学位论文。

徐复岭，1981，谈“非……不可”，《汉语学习》第5期。

徐烈炯、刘丹青主编，2004，《话题与焦点新论》，上海：上海教育出版社。

杨惠芬，1993，副词“可”的语义及用法，《世界汉语教学》第8期。

张　斌，2001，《现代汉语虚词词典》，北京：商务印书馆。

张赪、荣晶，2008，汉语受事前置句结构的演变及对比研究，《语言教学与研究》第4期。

张赪、荣晶，2009，受事前置句中前置受事的语义属性表达的历史演变，《语文研究》第4期。

张德禄，2001，衔接力与语篇连贯的程度，《外语与外语教学》第1期。

张谊生，2004，试论“由”字被动句——兼论由字句和被字句的区别，《语言科学》第3期。

郑贵友，2002，《篇章语言学》，北京：外文出版社。

郑远汉，1998，省略句的性质与规范，《语言文字应用》第2期。

中国社会科学院语言研究所词典编辑室，1996，《现代汉语词典》(修订本)，北京：商务印书馆。

周圣芳，2011，中高级韩国留学生叙事语篇省略偏误研究，山东大学硕士学位论文。

朱其智，2002，“由”字句的语篇分析，《语言研究》第4期。

朱文文，2011，状补话语功能的对立及其对形容词的语序选择，《语言教学与研究》第1期。

Givon, T. 1983. *Topic Continuity in Discourse: A Quantitative Cross-Language Study*. Amsterdam, The Netherlands: Jonn Benjamins Publishing Co.

Li, Charles N. and Sandra A. Thompson. 1981. *Mandarin Chinese: A Functional Reference Grammar.* Berkeley: University of California Press.

Longacre, Robert E. 1983. *The Grammar of Discourse*. New York: Plenum Press.

参考教材

陈灼主编，2000,《桥梁·实用汉语中级教程》第2版，北京：北京语言大学出版社。

刘珣主编，2001,《实用汉语课本》，北京：商务印书馆。

吴叔平主编，1991,《口语中阶》，北京：北京语言学院出版社。

吴叔平主编，1992,《说汉语》，北京：北京语言学院出版社。

章纪孝，1990,《高级口语》，北京：北京语言学院出版社。

第四章
语篇语法的制约因素

前面两章重点分析了语篇中词法、句法项目、句式的运用情况，本章我们将对这些表象所形成的深层原因进行分析。首先从形式制约入手，然后再论及语义对语篇现象的制约、功能对语篇现象的制约、谋篇机制与语篇风格的制约等内容。

4.1 语篇形式制约

4.1.1 省略的制约

在具体的语篇中，有时小句句法成分过于完整，反而削弱了句际间的衔接力（force of cohesion），这时我们便需要缺省某些小句的句法成分，这个过程就是“省略”。小句缺省了形式衔接标记，便留下了空缺，听话者可以通过情景语境将缺省补足，从而使得补足句与前后小句构成了“衔接纽带”（cohesion tie）。也就是说，“省略”通过制约小句句法的完整性而达到了加强语篇小句关联性的目的。

（1）徐姐（NP）的眼睛不再起包儿，0 牙齿（NP_1）不再上火，0 睡觉按时始终，0 心脏（NP_2）每分钟七十至八十次有规律地跳。（王蒙《坚硬的稀粥》）

（2）于是就又找了这个处长。谁知道这一找0不要紧，让人家管人事的头头知道了。（刘震云《一地鸡毛》，下同）

（3）买上几十棵便宜菜，不够伺候他的，天天得摆0、晾0、翻0。

例1中，后面的“牙齿”、“心脏”前都省略了前面的“徐姐”，修饰语缺省，读者自行补足。这种语法现象是“省略”带来的，其制约模式可总结为：

NP（修）+NP_1……，0+NP_2……，0+NP_3……

例2中，省略的NP前VP（“找”）与上一句VP相同，可以依据VP很容易地恢复缺省，属宾位省略。例3几个VP语义密切关联，NP也容易找回。其制约模式是：

……VP+NP，……VP+0

4.1.2 词语的制约

词汇衔接（lexical cohesion）是保持语篇连贯的重要方式，也有学者认为是最主要的衔接方式（Michael Hoey）。词汇的表层衔接是建立在预先设定的连贯基础之上的，通过对主旨思想的表达，用词汇构筑起连贯的语篇。

同样，我们也可以说，为了构筑语义完整、主旨鲜明的语篇，词汇在前后小句中的使用、选用，并非是任意的。比如为了理解清晰，会有反复的同词重现，有时又要避免重复，在关系小句中选择近义词来替换；为了对比鲜明，也会选择反义词同现；为了突显主题，常会使用上下位词语同现，整体、局部关系词语同现等。换言之，词汇的使用，制约着整体语篇的生成，不同的词语使用方式，会有不同的语篇呈现。比如：

(4) 一只母鸭在孵蛋，一只只小鸭从蛋壳里蹦爬出来了，留下了一只大蛋，母鸭孵了很久才裂开，爬出来一只个大模样奇怪的灰鸭子。母鸭不敢相信它是鸭子，于是第二天带小鸭子们到水里去游泳，母鸭看那只灰鸭子游得非常漂亮，确定了是它亲生的。等它们游完上岸，母鸭就对它的孩子们说，要带它们去更广阔的地方去，也就是那个养鸡场。(儿童故事《丑小鸭》)

这是有名的儿童故事"丑小鸭"，为了照顾儿童的理解力，文章反复重复"母鸭"五次，而没有使用指称"它"来回指，因为指称会加深文章理解的难度，故多次同词重现，这便形成了儿童语篇。再来看成人语篇的情况：

(5) 旅游可以扩大孩子的视野，让孩子把书本知识与实际联系起来。一次孩子从井冈山回来，说："以前在书本中学到的历史故事总是感到朦朦胧胧，这次旅游使我感到真切多了。"(课本《汉语阅读速成·中级篇》，下同)

(6) 提到素食，我就会立刻想到尼姑、和尚。事实上，"素食"这个词并非来自蔬菜，而是来自拉丁文字，意思是说，给人生气，给予朝气。

(7) 清朝末代皇帝溥仪 1908 年底登基时，年仅 3 岁，由他父亲摄政王载沣把他抱扶到宝座上。当大典开始时，突然鼓乐齐鸣，吓得小皇帝哭闹不止，嚷着要回家去。载沣急得满头大汗，只好哄着小皇帝说："别哭，别哭，快完了，快完了！"大臣们认为此话不吉祥，说来也巧，3 年后清朝果真就灭亡了，从而结束了我国 2000 多年的封建统治。

例 5 中"真切"与"朦胧"反义词同现，"书本知识"指"理论"，与"实际"对照，构成了对比鲜明的语篇，例 6、例 7 画线部分构成丰富的近义关联衔接。

（8）很显然，动物并非心甘情愿地舍弃他们的生命，所以，吃他们的肉，的确是件残忍的事。我们的小狗、小猫死了，我们会嚎啕大哭，而每天有几百万只动物被杀死，难道我们会心安理得？

例8中不但有“嚎啕大哭”与“心安理得”的对比，更有明显的语义类属词语，呈现出上下义关系、局部整体关系，如“动物”和“小狗”、“小猫”等，这种词语的组织方式，构成了丰富的、迥异于例4的语篇，图示为：

表1　语义类属与反义同现表

动物	小狗
	小猫
吃动物：心安理得	死后：嚎啕大哭

4.1.3　连接成分的制约

小句之间有许多连接成分，如“这样一来”、“这下子”、“退一步说”、“随后”等，这些连接成分不仅制约着小句分布序列，有时也影响着小句的句法表现。如：

（9）为了增产，农民向田里的菠菜多喷洒农药，这样一来，食用的人们便中毒了。（课本《桥梁》）

（10）外面下着大雨，很多车堵在路上，这样一来，上班就迟到了。（杂志《读者》，下同）

（11）医生反复告诫我：孩子一哭就放下来，不哭才抱起来，与一般习惯正好反过来。这样一来，再小的孩子都能明白，不哭的时候才有得抱，这招极灵。放下爱哭的孩子开始训练，看着时钟，不要抱让她哭，准备等10分钟再抱。

由上例观察可知，“这样一来”后面小句多为已然情况，从“时体”角度说，经常带表完成的“了”，或者是带表预估完成的副词“才”。再来看连接词“这下子”类（语料来自北大CCL语料库）。

（12）曹操又用汉献帝名义封袁绍为太尉。这一下，袁绍可生气了。他觉得曹操当大将军，自己反在曹操底下，太丢人啦。(《中华上下五千年》)

（13）正当我全家人愁得没法的时候，镇党委安排专人给俺送来了2000元的地膜专用款，还给俺解决了600公斤“中棉12号”棉花良种，这下子，俺心里可踏实了。(《人民日报》1994年第3季度）

（14）一位老奶奶开心地说，西湖已经好久没有那么多甲鱼了，这下可热闹了。(新华社2004年新闻稿）

语料观察发现，用“这一下”连接前后小句时，后面小句也多同现“了”结构，而且，表程度时用“可……了”格式，而不用同表程度的“太……了”格式。

自然，我们在此初步勾勒了这两个连接词后小句句法表现的倾向，还需要更大规模的语料支撑与进一步考证。

4.1.4 句式的制约

交际中，为了保持对话的协调、统一、连续，同一话轮（turn）中，后面小句往往会与前面小句在句式上保持一致，形成小句序列中句式一致的语篇，如：

（15）(苏小姐说：)“吓，为了那种小事用得着这样严重么？我问你，你真觉得那诗好么？”

方鸿渐竭力不让脸上的笑漏进说话的声音里道：“我只恨这样好诗偏是王尔恺做的，太不公平了！”

“我告诉你，这诗并不是王尔恺做的。”

“那么，谁做的？”

“是我做着玩儿的。”

“呀！是你做的？我真该死！”方鸿渐这时亏得通的是电话而不是电视，否则他脸上的快乐跟他声音的惶怕相映成趣，准会使苏小姐猜疑。（钱钟书《围城》）

这里，在讨论“诗”是谁做的，方鸿渐在使用“是……的”结构，苏小姐也接着使用“是……的”句，短短的段落中，竟然出现了五次。这种特别的语言现象——后面小句句式的连贯使用——制约了语篇的生成。请看下例：

（16）A：昨天你学了多长时间的汉语？

B：① 我学了一个小时的汉语。

② 我学汉语学了一小时。

（17）A：你来北京的时候，是坐飞机来的吗？

B：① 我坐的是飞机。

② 我是坐飞机来的。

例 16 B 中的两个单句孤立地看，完全符合汉语语法，可若进入对话体，与 A 句相接，由于受问句句式的限制，我们只能在 B 中选择①。例 17 问句使用的是“是……的”，答句便只能选择 B 中的②，这样才能构成连贯的语篇。若选①，单句是正确的，但作为 A 的答句，便缺乏了句式的协调性。句式制约了语篇生成。

4.2 语篇语义制约

“衔接”制约着语篇连贯是语篇研究者共同的看法，但随着研究的深入，许多学者认为不能把是否衔接视为语篇连贯的唯一条件

（朱永生，1997）。Halliday 和 Hasan（1976）也注意到这一点，指出：语段中句子与句子之间在意义上有可能存在空隙，要研究语境、语域（register）以及语言使用者的背景知识。也就是说，除了形式衔接外，还有许多东西在影响着语篇。下面我们到语义深层看看句序语义、情景预设如何制约着语篇。

4.2.1 句序语义的制约

这里的句序语义制约，指的是线性排列的小句中，首发小句（或前一小句）的语义对后续小句使用的制约。

在第三章第二节，我们谈到了“一下”的使用问题：

（18）电影快开演了，我们进去坐一下吧？

例 18 单句正确，而放在首发句后则出现了偏误。因为电影是有时长的，不能进去马上出来，而“坐一下”本身含短时意义。也就是说，首发小句的使用制约了后面语法项目的使用。而下面例子中的“一下”便可以：

（19）你今天做了这么多工作，太累了，咱们去茶吧坐一下吧。

（20）这个摇椅是我刚买的，很舒服，你坐一下。

例 19 中，“去茶吧”自然是短时休息，一会便可以离开，所以可以用“坐一下”，表短时义；例 20 中摇椅很舒服，你试试看，也可以使用“坐一下”，表尝试义。这里不仅存在首发句制约后续小句句法项目的问题，也存在制约后续项目含义解读的问题。“一下”有短时、尝试意义，同为“坐一下”，何时是短时义，何时是尝试义，与首发句的语义皆有关联。再来看王朔作品中的例子：

（21）有人迎上来问我要不要退票。我只肯出一张电影票的价，那人踌躇一下，索性把票子白送给我，我进剧场时不禁有些怀疑。（王朔《浮出海面》）

（22）拜了拜，青烟袅袅地插在香炉上。胡亦一声不响地看着我，我犹豫了一下，还是跪下去，深深地俯首。站起来对胡亦说："走吧。"（王朔《一半是火焰，一半是海水》）

（23）"那又怎么样？既然谁都可以冒充思想家，冒充一下作家有什么不可以？"（王朔《一半是火焰，一半是海水》）

（24）"救命！""白度，咱们是不是也该收拾一下，准备下车了？"一个魁梧高大的小伙子走进铺间，双肘搭在中铺……（王朔《千万别把我当人》）

（25）多么工整，相辅相成，你是不是再拟个横批，我找人写出来，裱一下，回头就挂在我们家门上。（王朔《一点正经没有》）

例21、例22，根据前面小句情况，可以比较清楚地看出，"踌躇一下"、"犹豫一下"中"一下"是短时义，而例23，"冒充一下"能解释成短时吗？似乎不可，有语气委婉之意，这是"一下"的另外一种释义与功能。例24、例25如何解释？所以，句法项目的释义，要考虑到前面小句、相关小句的语义。

4.2.2 情景预设的制约

预设（presupposition）是说话者为保证句子或语段的合适性而必须满足的前提，自20世纪60年代进入语言学领域后，受到广泛的重视。人们不仅关注狭义的语义预设，更从广义上研究语用预设。语用预设是以句子意义和结构为基础，结合语境、情境推导出来的。有些句法项目的使用需要情景的预设才能更好地区分其差异。

比如"倒"、"却"，都表示转折，下面的例子中，b句和c句都用"倒"表转折，为什么b句不可以说而c句可以说呢？

（26a）他们夫妻的月工资只有六百块，却生活得很好。

（26b）？他们夫妻的月工资只有六百块，倒生活得很好。

（26c）有些人拿的工资很高，可是觉得生活很空虚；他们夫妻的月工资只有六百块，倒生活得很好。

这是因为b句没有背景预设信息，让人感觉表述不清，“六百元生活得很好”违背常理。c句则补出了跟“倒”句形成对比的部分，后面的“倒”的使用就顺畅得多了，读者可以从前面的“有人钱多很空虚”推导出“有人钱少但他们不空虚”这样的结论，这种预设保证了后面表转折“倒”使用的合理性。

4.3 语篇功能制约

4.3.1 焦点功能的制约

一般认为，一个小句的语义重心就是说话人最希望听者关注的焦点（focus）。汉语中，单个句子的信息编排遵循从旧到新原则，越靠近句末，信息内容越新，也就是它的焦点所在（方梅，2005）。那么“焦点”放在句式中，便在前后两个小句中出现了双焦点。这种“双焦点”特征，使得句式的生成、扩展变成有条件的而非任意的，正确的单句进入到句式中便受到了前后句式关系的限制，便需要进行句法上的调整，这便是焦点对语篇生成方式的制约。比如外国学生作业中的偏误：

（27）这个女孩非常优秀，既漂亮极了，又聪明极了。

（28）昨天下午他在家里没什么事，一边看一本书，一边听一首歌。

（29）他每天下午在家睡觉，与其在家睡两个小时的觉，不如出去到学校里面散步。

（30）北方人喜欢面食，每天吃饭要么吃很多馒头，要么吃很多面条。

例 27“既 A 又 B”格式是平行结构，它往往采用并列的形式来强调两种情况的同时出现。“漂亮”、“聪明”是说话人有意突出的部分，是句子的焦点（focus），这种并列句并不是为了描写其程度如何，而是为了突出两个话语焦点同时并存。因此，凡是出现程度性结构的句子在这里都不合适，如“他既跑得很快又走得很快”等（参见田然，2007）。可以说，说话人所关注的话语焦点制约了这一格式句子的扩展、生成，句子的扩大延续性在此受到了管辖约束。

这时便显示了焦点对句式使用、语篇生成的制约。对比例 28，再来看下面的例子：

（31）A：他干吗呢？

B：在看一本书。

A：他收音机那么大声干吗呢？

B：在听一首歌。

这里画线部分是两个正确的单句，但我们不能根据“看一本书”、“听一首歌”的正确性而生成前面例 28 的“昨天下午他在家里没什么事，一边看一本书，一边听一首歌。”尽管“一边……一边……”格式表示的是两种以上动作的同时进行（吕叔湘，1980），但“一本书”、“一首歌”属无定成分，说话者之所以选择“一边……一边……”这一格式，其关注焦点在强调两动作的同时发生，而非描述他看了“几本书”，听了“几首歌”，故无定成分为无效信息、冗余成分，难以进入该格式。

同理，例 29“与其 A 不如 B”格式焦点在对比 A、B 两项，从中进行取舍，而修饰性的、限定性的成分，如“两个小时”，成为了冗余成分。因为它分散了话语重心，削弱了对比强度，降低了焦点的凸显性，违背了语言表达的清晰、经济原则，因而很难进入该格式。吕叔湘先生（1980）的例子，恰好验证了句式中的对比焦点凸显原则：

（32）与其你去，不如我去。

（33）天气这么好，与其在家待着，不如出去走走。

例30也是因为限定性成分未能提供更新信息变成了羡余、削弱了对比焦点，阻止了合理句式的生成。

4.3.2 话题功能的制约

关于汉语的“话题凸显”（topic prominence）特点，赵元任（1979）便说过：“主谓这种句子（即使把被动的动作也算进去）的比例是不大的，也许比50%大不了多少。因此，在汉语里，把主语、谓语当作话题和说明来看待，比较合适。”屈承熹（2010，2）也认为，“现代汉语在很大程度上是以话题为主的语言，以话题开头的句子在汉语中约占一半。话题及其后使用回指词（anaphora）来组织篇章是保证连贯的重要手段”。同时，屈承熹还谈到，“零形话题”通常是用来做话题链（topic chain）内部的联系，是一个“环环相扣”的话题链，而代词话题（如“他”、“他们”等）通常是用来表示在同一个话题之下的新话题链。这也可以说明，话题影响着语篇的生成。试观察下面的例子，在话题清楚的情况下，是使用“把”字句还是“被”字句：

（34）一天，哥哥和妹妹要去野餐。他们准备了食物，然后告别了妈妈就上路了。他们提着食物走到山顶的时候，太阳出来了，于是他们坐下来，准备吃野餐。这时他们发现，________________________。（戴桂芙《对外汉语教学法研究》）

①野餐已经被小狗吃掉了。

②小狗已经吃掉了野餐。

③小狗已把野餐吃掉了。

教学中，我们常常做“被”字句变“把”字句、“把”字句变“被”字句的切换练习，如“他把我的自行车骑走了”、“我的自行车被他骑走了”，学生于是便觉得这两个句子几乎等义，我们的教授也基本到此为止。那么，在它们进入语篇过程中，真的可以互换使用吗？

在例34中，“野餐”、“食物”反复出现了四次，它已经成了整个语篇的中心语，“他们发现”的后面，应该是“野餐”这个小话题怎么了，而不应是从未出现的“小狗”怎么了，所以此时选择第一个答案，“被”字句比第三个“把”字句更符合语篇的连贯原则——这里句子的选用受到了话题的制约。再看下例如何选择：

（35）雅曼佛每天无论多晚都回家与岳父母、老婆孩子一块儿吃饭，聊聊家长里短。他说，“岳父母待我很好，________。我觉得中国的家庭比西方家庭温暖，人情味儿更浓些。”（课本《高级口语》）

① 把我看成是这个家庭中的一员。

② 我被他们看成是这个家庭中的一员。

在雅曼佛的这一段话中，“岳父母”是整段的中心话题，被选择的小句实际是对“岳父母待我很好”的进一步说明，所以它们应依旧沿袭“岳父母”作为话题，是“岳父母把我看成这个家庭中的一员”，而不能是“我被如何如何”，用“被”字结构便违背了话题的连贯性。

教学中这类练习在初始阶段对外国学生来说很难选择，但若能选用大量的语篇，让学生根据上下文语境、话题连续性等知识将“把”、“被”字句填入段落中，使得学生在语篇中揣摩体味“把”、

“被”字句的真正语义语用，相信学生“避而不用”该类句式的现象将会有所改观。

4.3.3 信息功能的制约

语言交际的过程是信息单元传递的过程，信息单元（information unit）由新信息和旧信息构成（Halliday，1985），旧信息指的是发话者认为受话者可以据上文复原（recoverable）的信息，是上文提及过的事物。新信息指的是上文未提及过的或意想不到的、受话者不可复原的信息。两者交互运行推动语篇向前不断进展。

在语篇信息流（information flow）的推进过程中，信息的编排要受到交际目的的制约，即语篇要传递新信息而非冗余信息，由旧信息引向新信息；也要受到交际者认知局限性的制约，即信息的编排要符合人类的一般认知规律，否则易造成认知理解上的障碍，从而影响交际的完成。而我们的语言又是线性排列的，所以发话者传递信息时必须考虑语言结构的排列，在这里，“信息”的功能作用影响到了小句生成、语言结构，从而影响到了语篇组织方式。

请看下面的答句该如何选择：

（36）A：真糟糕，我的<u>词典</u>不见了。（这里“词典”为已知信息）

B：①桌上放着一本词典。

②<u>词典</u>在桌上放着。

实际上，①是存现句，是完全静态的描写，说话者不知那本词典是谁的，“词典”为未知信息，句子暗示“你自己看看是不是你的”。②为动态句，说话人知道那本词典就是A的，“词典”为已知信息，由此引出问话者最关心的内容，“在桌上放着”这一新信息。从信息的角度讲，答案可以选用①也可以②，但两者的含义却不尽相同。这便可以看出，已知、未知信息影响到了答句的选用，影响到了语言结构的排列（如是否用存现句）。

通常，研究者认为，越靠近句末，信息内容越新，同时，随着句子的推进，线性顺序靠后的成分比靠前的成分能提供更多的新信息，这便是线性增量原则（方梅，2005）。这种信息理论可以用来解释下面的状中、述补结构的选用问题——即述补结构凸显新信息的推进，状中结构凸显信息含量的大小。

（37）我的个子比通常要矮，矮得像个侏儒，紧紧傍着她的腰间走。（王朔《动物凶猛》，下同）

例37，第一小句已经出现了“矮”，所以后续小句的述补结构中“像个侏儒”便是新信息，若变成状中结构“像个侏儒般的矮”，新信息还在“矮”上，并未输出新信息，不符合语言表达的增量原则。所以，此时表程度的述补结构要优于状中结构，信息推进原则影响到了语篇中的句法选择。

我们在此之所以探究状中、述补结构，是因为某些情境下两者似乎等义：他笑得很开心；他开心地笑。对英语国家汉语习得者来说，两者译成英文几乎没有差别，而这两个结构在汉语中却有所不同（田然，2012）。

在信息量（informativeness）传递方面，较比前面的述补句，状中结构句则有它自己的优势：

（38）可能是腼腆的天性，或是从小就善于习惯于在执有坚定道德观的大人面前作伪，我一向能很好地掩饰自己的兴趣所在，愈是众目睽睽愈是若无其事。

（39）那天晚上，我对父亲的盘诘表现得相当无礼，我一开口便坦率地承认了今天没去上课。这似乎使他失望。

例38，“掩饰”关联两个NP，“我”和“兴趣”，不可说：我掩饰得很好自己的兴趣，若非要用述补，则只好添加“把”：我一向能把自己的兴趣所在掩饰得很好。例39，动词“承认”依然关联两个 NP“我”和小句“今天没去上课”，若用述补，得转成两个小句：我一开口便承认了今天没去上课，承认得很坦率。

可见，如果状中、述补皆可用，语义无明显差异时，由于状中动词可关联两个 NP，后续甚至可以再带时量补语（如：我在教室里无聊地坐了一上午的板凳），而述补经常关联一个 NP（见例 37，“我”），后续难以再带其他时量、动量补语，因此，状中句信息含量大于述补。此时小句信息量最大化原则、经济原则是作者选用状中结构的最大制约因素。

4.4 语篇谋篇机制制约

语篇在谋篇布局时有其内在的机制，必须符合人类思维与认知的共同特点。我们可以从人的认知活动了解语篇产生的过程，也可以从语篇产生的过程去追溯人的认知活动，人的认知的共通性决定了语篇谋篇布局的宏观特点，违背了这些谋篇策略便降低了语篇质量，甚至造成解读的障碍。

语篇中会用丰富多变的近义词来表述观点、构筑语篇，采取同词回避策略避免文章的拖沓繁复；也会采用省略的方式回避前面提到的词语，这些回避策略都会使得语篇更加简洁生动，衔接力增强。

在语篇布局上，有分述——总述、总述——分述的基本框架机制；也有小句链接式布局，就是前面小句的述位（rheme）变成后面小句的主位（theme），推进小句向前进展。系统功能语言学认为，主位是信息的起点，是交际的出发点，是整个句子的起点和小句的中心议题。马泰休斯（Mathesius）对主位和述位的划分，其目的主要是用来研究句子以何种方式与上下文语境发生联系的，语言的线性表现这一点决定了发话者传递信息时必须考虑语言结构的排列方式，也就是说要关注主位的推进方式。主位推进方式比较复杂，我们这里以相对简单的链接式为例，观察上述特点如何制约着语篇的形态生成。

4.4.1　回避策略的制约

请看下面：

（40）北京的出口特点是：进料加工贸易仍是进口主体，一般贸易出口增长快。三资企业是高新技术产品出口的主力军。计算机与通讯技术产品是出口大户。其中通讯类特别是移动电话成为计算机及通讯类产品出口的主导力量。(《人民日报》，下同）

（41）北京的博物馆越来越多。80 年代，每年有三四座博物馆出现；进入 90 年代，每年都有六七座博物馆问世。

例 40 中，作者没有反复重复“主体”而是采用了“同词回避”策略，聚合了“主力军”“大户”“主导力量”等语义近似的词语。这种谋篇机制，不仅丰富了表达手段，而且也使相同语境下的这些词语更容易解读。“主体”的意思清楚后，后面的近义词语，阅读者（留学生）很容易就能破解了，例 41 同理。

再来看下面的例子：

（42）有关专家建议，北京应尽快发展天然气汽车，让这种低污染、低噪音的“绿色汽车”开进我们的生活。(教材《汉语阅读速成·中级篇》，下同）

（43）前不久，几个记者乔装改扮深入到各地中小学测试了一下孩子们的心理防卫能力，（　）结果不容乐观。

例 42 作者使用了一个新的词语“绿色汽车”来代替“天然气汽车”，这种替代不仅回避了重复，也申明了天然气汽车的环保性，传递了新信息。读者在此可以据上文进行替代恢复，不会产生阅读障碍；例 43 省略了“测试”，是“测试的结果”让人不乐观，或者说“心理防卫能力不容乐观”，这里使用了省略技巧。

用替代、省略的方法回避词语重复，反而会增进小句关联度，增强衔接力，且符合语言使用中的经济原则。在此，回避策略均制约了语篇的生成形态。

4.4.2 布局机制的制约

语篇的布局，先总述还是先分述，也会制约语篇的生成形态，如：

（44）西藏拥有举世无双的自然景观和人文资源，旅游业是全区近年来发展最快、潜力最大的特色产业。西藏目前正在围绕建设“国际精品旅游胜地”的目标，努力与欧、美、日、韩、新加坡、尼泊尔等国家和地区旅游城市联网，形成观光、探险、休闲、度假等齐全的大旅游产业体系。拥有 2000 多年历史的藏医药业，将传统优势与现代科技、生产工艺结合起来，逐步走出西藏、走向世界，年产值已逾 3 亿元。此外，传统民族手工业等产业独具特色，西藏已探明的矿产资源潜在价值达 6500 多亿元人民币。达瓦次仁说，这些特色优势产业将是促进西藏未来经济发展的支柱，也是外商投资西藏的最佳切入点。(《人民日报　海外版》)

这里作者的观点在最后一句，因为这里出现了指称“这些”，回指前面的所有内容。从层次上划分，文章分别论述了西藏的旅游业、医药业、民族手工业、矿业四个方面，最后用“这些”回指前面四个部分做了总括，其布局框架可以表示为：

旅游业……

医药业……

民族手工业……

矿业……

这些……

用图表示则为：

表 2　布局机制表

旅游业……	这些……
医药业……	
民族手工业……	
矿业……	

这种布局方式使得指称词语“这些”出现在全文最后，而不可能在第一句。换句话说，在这里，分述——总述的布局特点促成了指称方式的使用。

再来看下面链接式的例子：

（45）一见面就寒暄，寒暄之后就说我胖了，说我胖了之后就大骂其党……（鲁迅《祝福》）

（46）从前有座山，山里有座庙，庙里有个老和尚，老和尚每天自己担水喝……（民间故事《三个和尚》）

这两个例子中，小句的构成都很有特点，前面小句的述位，如“寒暄”，变成了后续小句的主位，述位“说我胖了”也同理。

民间故事中，更是述位——主位交替不断向前推进，每个小句都引领出一个新信息，令读者感觉后面的故事无穷无尽。这种链接式布局可以表示为：

T1__________R1
　　T2（R1）__________R2
　　　　T3（R2）__________R3
　　　　　　……
　　　　　　　……

在这里，语篇表现形态受到了小句构成情况的制约，受到了布局机制的制约。

4.5　语篇的语域制约

语域（register）是语言使用的场合或领域的总称，决定语域的语境因素主要有三个（朱永生，1987）：话语范围（field of discourse）、话语形式（mode of discourse）和话语要旨（tenor of discourse）。

话语范围包括商业用语、语言学用语等技术性（technical）用语，也包括一般日常谈话这类非技术性（non-technical）用语；话语形式包括口语与书面语两大类；话语要旨包括叙述性的、非叙述性的，也包括正式体（formal）和随便体（informal）。

系统功能语言学认为语篇在不同的话语要旨、话语范围中，会有不同的变体，如新闻广播语篇、与儿童的谈话语篇、口头自述语篇等，自然会有不同的语篇特征表现出来。

下面，我们参考上述理论可借鉴部分并根据对外汉语教学的需要，使用我们常用的、更广为人知的概念：语体、体裁、接受对象，从这三个角度，来分析不同情境语域下的语篇制约。

语体方面，有口语与书面语语篇；体裁方面，有叙事语篇也有非叙事语篇，有新闻语篇也有文体演艺语篇等；语篇接受对象方面，有儿童语篇也有成人语篇。

4.5.1 语体差异的制约

“语体”的概念在国内修辞学界存在诸多争议，有从文本角度（陈望道，1979）研究的，也有从行为角度（刘大为，1994）研究的，也有学者专门撰文谈论“语体的定义”（李熙宗，2005，2），还有学者认为“语体是实现人类直接交际中最原始、最本质属性（亦即确定彼此之间关系和距离）的语言手段和机制”（冯胜利，2011）。

在此，我们不做概念的深究，也不采用前面所提到的“话语形式”说法，只从对外汉语教学实际出发，将口语与书面语归为语体的下位。也就是说，口语语体与书面语语体，在词语组织使用方面、句法表现方面会有所不同。

先看冯胜利（2011，4）的例子：

（47a）？今天爸爸给我买和读了一本新书。

（47b）？昨天领导组织大家买和看了新版宪法。

（47c）昨天领导组织大家购买和阅读了新版宪法。

在此，我们不能简单地说“V 和 V”在汉语里合法不合法，因为较为书面化的 c 句就是可接受度极高的句子，较为口语的 a、b 小句接受度很低。

可以看出，相同的词义，但不同的语体风格，其句法语篇表现便会有所不同，有时甚至会进而影响到我们对一般句法规则“合法”性与否的理解。

再来看下面的两个例子（引自许德楠，1984）

（48）江涛说：“马克思主义，客观存在决定人的意识……”（梁斌《红旗谱》）

（49）连草驴叫驴都认不出来，连马蜂和蜜蜂都分不清，动不动还阶级斗争呢？（毛志成《小镇风情》）

例 48 中，“马克思主义”后面缺省了“认为”这类动词；例

49“还”后面缺省了“说”这样的动词，但此时口语对话中的缺省，不仅丝毫不影响语义，反而更情感丰沛。

再看方梅的两个例子（1994，2），论述了口语中一些成分为了听话者关注而后置的情况：

（50）别打岔，到底去不去你？

（51）怎么都不说话？好看么倒是？

这类现象在正式的书面语篇中（如政论文等）是很少出现的。所以，有学者认为，书面语篇中的语法和口语的语法是“两种语法”（David Brazil，1995），是非常不同的语法；也有学者（冯胜利，2011）明确提出“语体语法”概念，即“为表达某一语体的需要而生成的语法”，语法为语体服务，语体促生语法。

能否说口语语体语法与书面语体语法完全不同，是两种语法尚待商榷，但我们一定程度上支持存在着“语体语法”这种论断。

4.5.2 体裁差异的制约

这里所说的体裁，指一般语篇研究中的叙事性（narrative）、非叙事性（non-narrative）两类。非叙事性中包含说明类（expositive）与论证类（argumentative）语篇。

许多年前，就有学者（吕文华，1985）注意到不同的体裁中，句式使用上的差异性。比如在对留学生容易混淆的“由”字句、“被”字句区分时，吕文华谈到：在使用频率上，“由”字句不如“被”字句用得普遍。但是在个别文章中，“由”字句也会用得很集中，例如有一篇题为《电视连续剧〈霍元甲〉今起播放》的报道中，仅有245个字就出现35个“由”字句。同时作者也发现体育消息、文艺演出中“由”字句出现的频率较高，“被”字句似乎多出现在知识性语篇中。

应该说，这个发现对我们的研究很有启发，只是需要语料的进一步证实。

近年也有学者从篇章体裁角度，辨析句法项目“于是”和“所以”的异同（郭继懋，2006）。比如这个例句：

（52）红灯亮了，所以/于是我们的车停了下来。

这里“所以”、“于是”二者都可以使用，那么两者的区别何在呢？作者认为，“于是”和“‘所以”的根本区别就体现在它们可以凸现一段句组或句子的不同的篇章性质，单纯叙事时，用“于是”更合适：

（53）一清早，我们听驾长爬到后舱的顶篷，揭起一张顶篷，把蹬板搁在两边舱壁上，一脚蹬上去，手把住舵。于是/？所以前面的挠夫就下篙子，把船撑开了。

在说明类、论证类语篇中，侧重说明论证事物的性状及其成因时，用“所以”更合适：

（54）她的皮肤很细，但是有点儿发绿，所以/？于是并不显着滋润。

（55）考了60。分不错啦，所以/？于是你应该高兴。

例52篇章性质不单纯，因而两个词都可以用，但语义上有细微差别。用“于是”比较单纯地叙述了两个事情，用“所以”则于叙述之外，突出了车停下来的原因，偏向论证。

关于体裁影响句法的问题，方梅（2007，6）也谈到，因为叙事体一般较少涉及互动交际，时间连续性和动作行为的主体是重要的构成因素。因此，叙事语篇具有过程性、事件性特征。而非叙事体裁如对话类语篇，其重点是在交换信息和观点，所以现场性和评论性更为突出。因此，作者认为，这可以解释施事宾语句（如：注意添加衣服，隔壁感冒了好几个人）不用于叙事语篇，只用于对话的原因。

上述研究告诉我们，不同体裁，叙事类或者说明论证类，往往会对句法项目产生制约，也就是说，体裁影响到了语篇表现。这或许可以用体裁优先原则（genre priority principle）来解释：每一个语篇都必须属于某个体裁，而每个体裁又都有一定的宏观语义结构。体裁结构选择以后才能选择其他实现这些结构的模式（张德禄，2006）。

4.5.3 接受对象差异的制约

我们知道，儿童在习得语言的过程中，首先开始的是独词句阶段，再到双词句阶段，再到简单句阶段等，逐级发展，语言构造的层次性决定了儿童习得语言的过程中也必然存在着自己的规则，儿童具有把语言符号链合成为整体性的句法结构的能力（周国光，1999）。那么反过来说，适用于儿童阅读的语篇，必然要适应其解读能力，要使得儿童能认识到句法结构间的依存关系，清晰地解读出语言符号链的单位以及其间的句法规则、语义关系。

要使儿童能对语篇进行清晰的解读，其语篇的构成特点必然会不同于成人语篇。体现在词语组织法及句法上，便会有不同的特征表现。

下面以小学课本中有名的童话故事《小蝌蚪找妈妈》为例，看下儿童语篇的情况：

（56） 一条大鱼游过来了。小蝌蚪看见头顶上有两只大眼睛，嘴巴又阔又大，他们想一定是妈妈来了，（ ）追上去喊妈妈："妈妈！妈妈！"

大鱼笑着说："我不是你们的妈妈。我是小鱼的妈妈。你们的妈妈有四条腿，到前面去找吧。"

"谢谢您啦！鱼妈妈！"小蝌蚪再向前游去。

一只大乌龟游过来了。小蝌蚪看见大乌龟有四条腿：（ ）心里想，这回真的是妈妈来了，（ ）就追上去喊："妈妈！妈妈！"

大乌龟笑着说："我不是你们的妈妈。我是小乌龟的妈妈。你们的妈妈肚皮是白的，到前面去找吧。"

"谢谢您啦！乌龟妈妈！"小蝌蚪再向前游去。

一只大白鹅"吭吭"地叫着，游了过来。小蝌蚪看见大白鹅的白肚皮，（ ）高兴地想：这回可真的找到妈妈了。（ ）追了上去，（ ）连声大喊："妈妈！妈妈！"

大白鹅笑着说："小蝌蚪，你们认错了。我不是你们的妈妈，我是小鹅的妈妈。你们的妈妈穿着绿衣服，唱起歌来'咯咯咯'的，你们到前面去找吧。"

"谢谢您啦！鹅妈妈！"小蝌蚪再向前游去。

这里是小蝌蚪三次找妈妈的故事，为了适应儿童的认知解读能力，表现出这样的语篇特点：

第一，词语组织的简单性。同一词语多次重复，降低了解读难度，同时利用"游过来"、"看见"、"想"、"追上去"、"妈妈"等重复性词语将三个小故事连缀在一起：

……游过来——看见……——想……——追上去——妈妈

第二，省略词语的缺省位置与其在前面小句所处的句法位置一致，其解读受平行原则（parallelism principle）的制约（李汝亚等，2012）。

平行原则要求省略部分与先行部分在句法和语义上对等，符合该原则的省略容易恢复，符合儿童的认知能力。如括号中省略的"小蝌蚪"处于主语位置，与前面先行小句中的"小蝌蚪"一样，且语义完全相同，这样的省略对儿童不会构成理解障碍。

第三，句式的单一性。各小句基本遵循“施事主体——动作”这样最基本的句法规则，然后将其连缀成篇，在三个小段落中多次重复，遵循了儿童习得语言的手段特点：模仿、选择性模仿（指的是有选择性地模仿成人语言所示范的句法结构模式或特定的结构成分）、句法同化（指的是学习者根据句法结构的概括性，利用已习得的句法结构，去拓展新的语义内容和语义关系的现象）等。

再来看成人语篇《骆驼祥子》里的一段故事：

（57）虽然已到妙峰山开庙进香的时节，夜里的寒气可还不是一件单衫所能挡得住的。祥子的身上没有任何累赘，一件灰色单军服上身，和一条蓝布军裤，都被汗沤得奇臭——自从（ ）还没到他身上的时候已经如此。由这身破军衣，他想起自己原来穿着的白布小褂与那套阴丹士林蓝的夹裤褂，那是多么干净体面！是的，世界上还有许多比阴丹士林蓝更体面的东西，可是祥子知道自己混到那么干净利落已经是怎样的不容易。闻着现在身上的臭汗味，他把以前的挣扎与成功看得分外光荣，比原来的光荣放大了十倍。他越想着过去便越恨那些兵们。他的衣服鞋帽，洋车，甚至于系腰的布带，都被他们抢了去；（ ）只留给他青一块紫一块的一身伤，和满脚的疱！

与前面儿童语篇相比，这段故事的结构就复杂多了。

从省略成分看，第一个括号中，省略的是前面的“一件灰色单军服、一条蓝布军裤”，省略时处于介词“自从”的后面，介宾位置，与前面不同；第二括号中省略的是“他们”，那些兵，处于主语位置，而前面“他们”则在介词“被”后面，处于介宾位置。

从句式上看，有“施事—动作”小句，也有“把”字句，“被”字句，“比”字句等，复杂多变，错落有致，再加上丰富的词语组织、多变的词语运用，构成了一幅斑斓的语言画卷。

从儿童与成人语篇的对比，我们可以发现，语篇阅读对象的差异，也会影响到语篇中的词语组织法、句法句式的生成情况。我们关注儿童语篇还有一个目的，就是借鉴儿童语言学习的原理，促进第二语言教学（李宇明，1998），因为第一语言习得是最为成功的语言学习，儿童语篇的构成情况应该成为对外汉语教学的参考。

参考文献（含结语部分）

陈望道，1979，《修辞学发凡》，上海：上海教育出版社。

戴桂芙、刘德联，1996，《对外汉语教学法研究》，北京：北京大学出版社。

樊平等，1988，《现代汉语进修教程·语法篇》，北京：北京语言学院出版社。

方 梅，2005，篇章语法与汉语篇章语法研究，《中国社会科学》第6期。

方 梅，2007，语体动因对句法的塑造，《修辞学习》第6期。

冯胜利，2011，语体语法及其文学功能，《当代修辞学》第4期。

郭继懋，2006，“于是”和“所以”的异同，《汉语学报》第4期。

国家汉办汉语水平考试部，1996，《汉语水平等级标准与语法等级大纲》，北京：高等教育出版社。

国家汉办，2002，《高等学校外国留学生汉语语言专业教学大纲》，北京：北京语言大学出版社。

胡壮麟，1993，认知与语篇产生，《国外语言学》第2期。

胡壮麟，1994，《语篇的衔接与连贯》，上海：上海外语教育出版社。

李杰、钟永平，2003，主位序列与语篇阅读教学，《山东外语教学》第1期。

李汝亚、石定栩、胡建华，2012，省略结构的儿童语言获得研究，《中国语文》第3期。

李熙宗，2005，关于语体的定义问题，《复旦学报》(社会科学版)第2期。

李宇明，1998，语言教学和儿童语言研究，《语言文字应用》第1期。

刘辰诞，1999，《教学篇章语言学》，上海：上海外语教育出版社。

刘大为，1994，语体是言语行为的类型，《修辞学习》第3期。

刘乐宁，2005，文体、风格与语篇连接，《对外汉语书面语教学与研究的最新发展》(哈佛大学高年级对外汉语教学研讨会论文集)，北京：北京语言大学出版社。

刘月华，1983，《实用现代汉语语法》，北京：外语教学与研究出版社。

吕叔湘主编，1980，《现代汉语八百词》，北京：商务印书馆。

吕文华，1985，“由”字句——兼及“被”字句，《语言教学与研究》第2期。

吕文华，2012，语段教学内容的选择和分布，《语言教学与研究》第1期。

M.A.K. 韩礼德、姜望琪、付毓玲，2011，篇章、语篇、信息——系统功能语言学视角，《北京大学学报》(哲学社会科学版)第1期。

苗兴伟，2003，语篇的信息连贯，《外语教学》第2期。

彭　涛，2009，议论文话题链考察，北京语言大学硕士学位论文。

屈承熹，2007，语法与修辞之间(上)——“同义异形”的篇章语法学意义，《修辞学习》第3期。

屈承熹，2007，语法与修辞之间(下)——“同义异形”的篇章语法学意义，《修辞学习》第4期。

屈承熹，2010，篇章结构修辞：句间联系何以通畅，《当代修辞学》第2期。

邵敬敏主编，1992，《九十年代的语法思考》，北京：北京语言学院出版社。

沈开木，1992，话题、述题和已知信息、未知信息，《语言教学与研究》第4期。

陶红印，1999，试论语体分类的语法学意义，《当代语言学》第3期。

田　然，2001，语篇对留学生句式选择使用的制约简析，《海外华文教育》第3期。

田　然，2003，现代汉语叙事语篇中NP的省略，《汉语学习》第6期。

田　然，2004，叙事语篇中NP省略的语篇条件与难度级差，《语言教学与研究》第2期。

田　然，2005，近二十年汉语语篇研究述评，《汉语学习》第1期。

田　然，2005，留学生语篇中NP省略习得顺序与偏误，《云南师范大学学报》（对外汉语教学与研究版）第1期。

田　然，2006，叙事语篇中NP省略的研究意义，《云南师范大学学报》（对外汉语教学与研究版）第6期。

田　然，2007，“既A又B”格式中A、B共现的条件分析，《云南师范大学学报》（对外汉语教学与研究版）第4期。

田　然，2009，话语结构中“x，一旦y（就）z”格式研究，《云南师范大学学报》（对外汉语教学与研究版）第3期。

田　然，2010，语篇对句法的制约探究，《云南师范大学学报》（对外汉语教学与研究版）第4期。

田　然，2012，语篇对状中/述补结构选用的制约，《云南师范大学学报》（对外汉语教学与研究版）第2期。

王　还，1984，《“把”字句和“被”字句》，上海：上海教育出版社。

王建国，2008，《汉语话题链——篇章分析与语言教学中的应用》简介，《当代语言学》第2期。

王　寅，1999，主位、主语和话题的思辨——兼谈英汉核心句型，《外语研究》第3期。

徐盛桓，2008，语言学研究的因果观和方法论，《中国外语》第5期。

许德楠，1984，口语句子中“吞”掉语法成分的现象，《语文研究》第4期。

袁晖、李熙宗，2005，《汉语语体概论》，北京：商务印书馆。

赵恩柱，1956，谈“受”、“遭”和“由”，《中国语文》第11期。

赵　露，2013，“是……的”句的篇章考察，北京语言大学硕士学位论文。

赵元任，1979，《汉语口语语法》，北京：商务印书馆。
张伯江、方梅，1994，汉语口语的主位结构，《北京大学学报》（哲学社会科学版）第2期。
张德禄，1993，语篇连贯与语篇的非结构性组织形式——论语篇连贯的条件，《外国语》第3期。
张德禄，2001，衔接力与语篇连贯的程度，《外语与外语教学》第1期。
张德禄，2006，语篇连贯的宏观原则研究，《外语与外语教学》第10期。
周国光，1999，儿童语言习得理论的若干问题，《世界汉语教学》第3期。
朱永生，1987，关于语域的几个问题，《山东外语教学》第4期。
朱永生，1997，试论语篇连贯的内部条件（下），《现代外语》第1期。
Brazil, D. 1995. *A Grammar of Speech*. Oxford: Oxford University Press.
Halliday, M. A. K. 1985. *An Introduction to Functional Grammar*. London: Edward Arnold.
Halliday, M. A. K. and Ruqaiya Hasan. 1976. *Cohesion in English*. London: Longman.
Li, Charles N. and Sandra A. Thompson. 1981. *Mandarin Chinese: A Functional Reference Grammar*. Berkeley: University of California Press.

参考教材

鲁健骥主编，2008，《初级汉语精读课本》，北京：北京语言大学出版社。
马树德主编，2003，《现代汉语高级教程》，北京：北京语言大学出版社。
邱军主编，2008，《成功之路》，北京：北京语言大学出版社。

结　语

本研究所做的工作如下：

第一，梳理、评介了语篇语法的发展脉络，从国外语篇语法起源到国内外语界、汉语本体研究界，再到对外汉语教学界的语篇语法研究，注重发展流变的过程性与承接性。

第二，在溯源基础上，从应用及学理层面，首次提出了“对外汉语教学语篇语法”这一新概念，并对概念做了界定。

因为研究的是汉语作为第二语言的教学情况，涉及中介语语篇，所以采用了“语篇”（text）这一概念，而没有采用“篇章”（text）这一提法。“篇章”更倾向于立足于本体研究时所使用的概念，如廖秋忠的篇章分析及屈承熹的篇章语法研究。因本研究包括词语组织法及句法句式，面向对外汉语，故而为“对外汉语教学语篇语法”。

第三，“对外汉语教学语篇语法”的理论基础为系统功能理论与话语分析理论，分析中也运用了中介语理论对偏误进行观察讨论。研究思路是从中介语偏误入手，分析描述后再反观汉语本体语篇的表现，对中介语偏误进行语篇视角下的解释说明、原因探寻。在理论的指导下，论述了对外汉语语篇语法构建的必然性及必要性。

第四，对“对外汉语教学语篇语法”的主体内容进行了构建：语篇中的词语组织法、语篇对句法项目的制约、语篇对句式进入的制约等，展示了大量的中介语语篇，并从语篇角度进行了诸多例证剖析。

第五，对语篇的制约机制，从形式制约、语义制约、功能制约等几个角度进行了汇总分析。

前面谈到，以往的对外汉语教学，多在句子层面进行，但近些年人们开始越发关注“语篇”层面的教学。

在政策制定上，已经在复句教学之后列出了“句群”的教学（国家汉办，1996）、“语段”的教学（国家汉办，2002）。国家级大纲的语法项目中出现了“语段”，标志着语段从此进入教学，给对外汉语教材的编写和课堂教学输入了新的元素，对对外汉语教学产生了不可低估的影响（吕文华，2012）。

近年新出版的对外汉语教材，也开始遵循国家大纲探索语篇领域的教学。有的安排了“篇章结构法释要”的教学内容，目的是展示汉语篇章的内部结构，为学生提供把词、短语、句子、复句、句群等各级语义单位组合成篇章过程中的基本思路（马树德主编，2003）；

有的在高年级教材后附有篇章的连贯、衔接、主题推进等讲解内容（邱军主编，2008）；

有的在初级阶段便开始关注语篇功能，介绍叙述句子的排列顺序、句子段落之间的衔接连贯问题（鲁健骥主编，2008）。

有学者认为，这种在教学中、尤其是中高级阶段突出“语段教学”的目标设置，才是真正地“抓住了教学的本质内容”（吕文华，2012）。

但这里还有些问题需要学界的共同努力：

比如名称的使用问题，有用“句群”，也有用“超单句”，有用“语段”，也有用“篇章”、“语篇”，其含义时而相同时而迥异，需要在对外汉语界达成基本的共识。

再比如语篇教学的理论依托问题，是遵循中国传统的篇章分析，侧重文体、文采、风格等，还是借鉴国外的系统功能理论，侧重小句衔接、词语组织等，抑或是古为今用、洋为中用、兼收并蓄？类似问题的明晰会使得对外汉语语篇教学走得更快、更好、更远。

自然，我们不能忘记最关键的所在，那就是：对外汉语教材中语篇项目的编写、语篇的教学设计、句法项目在语篇中的应用情况如何等，都取决于我们汉语本体语篇的研究成果。只有本体的成果丰富了、完善了，才能进入到教学应用层面，才能对中介语语篇做出更切合实际的分析，才能深入到规则化、模式化的讨论，而不仅仅是停留在偏误描写的表层。

本研究进展过程中，笔者越发意识到语篇领域的浩繁庞大：

如前面提到的“由”字句进入语篇的问题，不同的语篇体裁到底是如何制约其使用的？是体裁的制约还是语篇中指派语义的制约？

受事话题句多以叙事类语篇出现还是交际互动类口语语篇出现？是小说中多用还是话剧中多用（可以考察老舍的《骆驼祥子》与《茶馆》）？

再有，完成体标记“了$_1$”是否常常标志着叙事类话题链的结束？

含“应该”义的“把”字句是否是结束话题链的手段（彭涛，2009）？

还有语篇的制约因素中，形式、意义、功能是如何交互发生作用的？哪个更为关键？与体裁、语料难度等级的关联性如何？

还有叙事类、操作指南类（procedural）、行为言谈类（behavioral）、说明类（expository）语篇中，立足于有无“时间连续性”（contingent temporal succession）和是否关注“动作主体”（agent orientation）这两个角度，能得到哪些不同的句法特征？

还有……

还有……

上述问题告诉我们，前方天地辽阔，却依旧需跋山涉水去探寻。

我们任重而道远。

术语索引

J

K

L

M

N

P

Q

R

S

附　录

对外汉语语篇语法：理念与框架构建 *

Text Grammar of Chinese as a Second Language: Idea and Frame Construction

田然

提　要　本文在扼要介绍国内外语篇语法研究后，针对对外汉语教学实际，提出了“对外汉语教学语篇语法”这一新概念。其理论基础主要依托系统功能理论及话语分析，在此基础上构建了研究的主体框架：语篇中的词语组织法、语篇对句法项目的制约、语篇中的句式运用等，从学理及应用层面论述了进入“对外汉语教学语篇语法”研究的必然性与必要性。

关键词　对外汉语　语篇语法　理念　框架构建　应用需求

---

* 本文为教育部人文社科规划基金项目“对外汉语语篇语法框架构建与研究”（项目编号 IIYJA740082）研究成果。

Abstract: This paper introduces the research on text grammar inside and outside China, and brings up the new concept "text grammar of teaching Chinese as a second language". Built on the basis of systemic functional theory and discourse analysis, the main frame of this study includes the law of lexical organization, the textual constraints on syntactic items and the use of sentence patterns in a text, etc. The paper discusses the inevitability and necessity of research on "text grammar of teaching Chinese as a second language" from both theoretical and practical aspects.

Keywords: teaching Chinese as a second language; text grammar; idea; frame construction; application requirements

近二十年，对外汉语教学界以"语篇"、"语篇中的句法问题"、"语篇偏误"、"语篇衔接"冠名的论文大量涌现（田然，2005），说明教学实际促使人们将一些问题置于更宏大的研究范围中，这些研究事实上已然涉及语篇语法，只是尚未形成明确范畴定义。

"语篇语法"概念最早起源于西方语言学界并影响到了我国外语界，因而本文首先扼要梳理国外、国内外语界的语篇语法研究以及汉语本体语篇语法研究，然后针对目前对外汉语教学现状，提出了跨越句子的"对外汉语语篇语法"这一新概念，从语篇词语组织法、语篇对句法的制约等角度，对该领域研究理念、主体内容等做了框架构建。

1. 国外、我国外语界及汉语本体研究学者的语篇语法研究

1.1　戴伊克的“语篇语法”思想

荷兰学者冯·戴伊克（van Dijk）在其博士论文 *Some Aspects of Text Grammars*（《语篇语法要略》1972）中提出了句子语法不能满意回答的问题，阐述了语篇中句子的局部和整体连贯等一系列语义关系，同时推出了语篇语法理论，引入了“宏观结构”概念，认为语篇中不仅在连续的句子之间存在局部的或微观的关系，而且在整体和全局上，也有宏观结构决定着语篇的整体连贯和组织。戴伊克是最早系统提出“语篇语法”的学者（施旭，1989）。

1.2　我国外语界语篇语法研究

系统功能语言学、话语分析最早由外语界学者介绍到国内，因此，相比汉语方面，外语界更早地开始了外语语篇语法的研究。

《现代俄语语篇语法学》（吴贻翼，2003）是国内最早以“语篇语法”命名的专著。作者在此引入了布拉格学派的“实义切分”理论，动态地分析小句顺序等问题，主要探讨了比句子更大的语篇单位（超句体、片段、节、章等）的实义切分、句际联系等问题。

《英语语篇语法概论》（张安律，2008）是第二部以“语篇语法”命名的专著，作者运用图式理论，展示了英语段落写作的基本结构与语篇图式。

中国知网（CNKI）“外语”类期刊论文中，有 31 篇直接以“语篇语法”作为文章主题；博硕士论文也有 15 篇使用“语篇语法”概念；北京大学姜望琪教授更有《从句子语法到篇章语法》（2006），明确将语法研究的触角拓展到语篇层面。

1.3 汉语本体研究学者的语篇语法研究

汉语本体语篇语法的专著当首推美籍华裔学者 Chauncey C. Chu（屈承熹）的*A Discourse Grammar of Mandarin Chinese*（《汉语篇章语法》，2006，本文所用宽泛“语篇”概念涵盖了“篇章”“话语”discourse）。他认为，许多句法问题的合理解释存在于篇章之中，句子的形式可能受到句子以外因素的影响，句法和篇章之间未必有一条清晰的界限，而是一条逐渐展延的连续统。

廖秋忠（1992）的诸多文章如衔接、连贯、篇章管界、篇章结构等，已然涉及语篇语法，但未明确提及。陈平（1987）、徐赳赳（2010）、方梅（2005）等学者也在篇章的零形回指（zero anaphora）、指称（reference）等方面多有建树，方梅更在《篇章语法与汉语篇章语法研究》（2005）中谈到“篇章语法”（discourse grammar）”为新产生的、独立的一个研究门类。

中国知网（CNKI）“汉语言学”类中直接以“语篇（篇章）语法”命名的论文有 59 篇，多在 2002 年后，说明近年更多的学者开始投入该领域的研究。

随着对外汉语教学事业的发展，学界迫切需要将本体成果与汉语作为第二语言的教学相结合，因此，构建对外汉语教学语篇语法研究成为一个紧要任务。

1.4 语篇分析、话语分析方向的研究

鉴于“语篇语法”这一概念的内涵与外延有时同于“语篇（篇章、话语）分析”（郑贵友，2002），学界对其用法及 text analysis（语篇、篇章分析）、discourse analysis（话语分析）的研究范围尚未有统一的界定（黄国文，2006），因而我们也关注国内“语篇分析”等方向的相关成果。

"语篇"方向的研究成果更为丰富。中国知网中以"语篇"命名的期刊论文至今（2013 年 3 月）已有 1991 篇，其中核心期刊 700 篇（外语类及汉语类，下同）；

以"篇章"命名的有 578 篇，其中核心期刊 387 篇；

以"话语"命名的有 2499 篇（绝大多数来源于外语类成果），其中核心期刊 1044 篇。

在这种语篇（话语）分析的大背景下，涌现了一批代表性学者，如胡壮麟、黄国文、张德禄、屈承熹、廖秋忠、方梅、徐赳赳等，其研究涉猎广泛，多基于话语分析理论及系统功能理论，限于篇幅我们不再展开介绍，但其成果，已然成为学界的重要参考，为我们进入到"对外汉语教学"应用层面研究提供了庞大的资源库。

因此，在汉语国际教育快速发展的今天，将语篇方向成果与汉语作为第二语言的教学相结合，构建"对外汉语教学语篇语法"研究成为一个紧要且可行的任务。

2. 对外汉语教学语篇语法研究

2.1　研究缘起与思路

第一，应用需求。留学生初级阶段的学习基本在单句中进行，教材语法讲解、练习设计没有扩展到篇章层面。然而，中高水平留学生的增加、HSK 写作测试、口语测试（HKC）成段表达等，都使得我们语言研究者必须也必然要关注篇章层面的语法问题。

第二，学理需求。对外汉语教学界在字、词、单复句研究上已取得丰硕成果，通过对前面国内外语篇语法研究的梳理，我们进而提出了面向第二语言教学的"对外汉语教学语篇语法"这一概念，将研究扩大到超句层面、句群语篇层面。它是与前人相关研究一脉相承的，是必然要进入的领域。

研究中，通过对大量中介语语篇的分析，首先勾勒外国学生中介语语篇在词语组织法、句法句式等方面的基本偏误倾向，然后对照汉语本体语篇，给出相关模式与倾向，这样便构筑起了面向对外汉语教学的语篇语法框架，为教学与教材编写提供参考依据。

因研究语料来自口语、书面语及中介语，故采用“语篇”(text)这一概念；又因其探讨语篇中的词语组织法、句法句式，紧密结合中介语、服务于对外汉语教学，故名“对外汉语教学语篇语法”。

研究中会汲取句法方面成果，也会运用语篇分析方面的概念，如信息、焦点、话题，衔接、连贯、词汇场，话轮、小句链、首发小句等。

2.2 理论基础

话语分析理论及系统功能理论是我们的主要参考，由于其理论体系浩繁庞大，因而，我们在此主要谈及与本研究相关的部分。

语篇思想——实际使用中的语言基本单位不是词或句，而是相对来说表达完整思想的“语篇”，是对话、段落等。语言不是所有合乎语法的句子的集合，不能用固定的规则来解释，而是需要用潜在意义来解释的，语篇中句子的选用与上下文有关。在此，语言和语境发生了联系，说话人在具体的语境下，只能产生与语境相一致的语篇，只有这样才能准确传达完整思想（胡壮麟，1994）。

因此，小句之间的衔接连贯研究、小句进入语篇的研究、超句（suprasentential）现象研究等便成为该思想指导下的、本文的主要关注内容。

过渡的连续体（continuum）思想——无论在语言系统里还是在

语言运用中，对立的成分、格式、过程或者环境等等，很少表现为非黑即白、截然分明的两个范畴，在绝大多数情况下，它们呈现为一个由此向彼逐渐过渡的连续体，对立的两极之间存在着数量不一的中间阶段，其研究结果往往表现出一种趋向性和选择性（陈平，1987）。

在“语篇”研究中，由于其间跨越多个小句，语义、句际衔接、句式选用等变量较多。因而，其结论不同于句法研究，更多地表现为一种“倾向性”，这也是语篇研究的一个特点，是我们在进行“对外汉语教学语篇语法”研究中往往难以回避的一个事实。

2.3　目前研究现状

近二十年，对外汉语界学者们也更多地投入到了面向教学的语篇应用研究，如曹秀玲、杨翼、黄南松等（田然，2005），也有研究者从语篇层面探讨了句法问题（刘颂浩，2003；杨翼，2010；朱文文，2011；田然，2001），涉及了“语篇语法”，认为脱离语篇的单纯的句子研究有时不能很好地解释诸多句法现象，但这些研究零星分散，多集中在衔接、省略等方面，缺乏统一的框架统领，因而，勾勒构建“对外汉语教学语篇语法”框架已然是迫切的任务了，这会促进我们事业、学科的进一步发展。

2.4　研究框架与主体内容

遵循前面的研究思路以及句法研究成果（词——单句——复句），对外汉语语篇语法主体内容应包括语篇中的词语组织法、句法项目使用、句式进入等问题，是面向对外汉语教学的研究。

2.4.1　语篇中的词语组织法

语篇中的词语组织法，是指词语为了连缀语篇、在上下文小句中的各种衔接表现方法，如指称（reference）、替代（substitution）、省略（ellipsis）、同义反义词语衔接（lexical cohesion）等。为了更好地观察中介语语篇、应用于对外汉语教学，我们在此将传统的衔接分类方式（胡壮麟，1994）做了整合，凡是涉及语篇衔接的词语运用，都纳入“语篇中的词语组织法”范畴。

其中包括话题NP跨越多个小句的表现的研究，也包括词语衔接、主题义族组织方式等等，限于篇幅，仅举几例（语料来自留学生作业及北京大学CCL语料库）：

（1）长城有很多历史。长城是秦朝开始修建的。长城很大。我觉得好像一条龙。我参观长城的时候，很高兴。那天天气很好。所以长城的风景也非常漂亮。我在长城照了很多照片。我回家以后，把长城的照片送给父亲母亲、朋友们。除了长城以外，北京有很多名胜古迹。（留学生作业）

学生为了保证单句的正确，不懂得使用省略、指称等方式，中介语语篇中NP泛化，这种泛化反而促使单句语义自足、降低了语篇的衔接力（force of cohesion，张德禄，2001）。其偏误模式表现为：

NP……，NP……，NP……，……NP……，……

再来看母语使用者的语篇：

（2）祥子始终没言语，（ ）呆呆地立在那里。（ ）听到老车夫说肚子里空，他猛地跑出去，（ ）飞也似又跑回来，（ ）手里用块白菜叶儿托着十个羊肉馅的饺子。（老舍《骆驼祥子》）

这里作为话题的名词NP首发，后续接以省略，又转用“他”来指称NP“祥子”，再省略。多变的词语指称方式使得听话者通过情景语境将其自行补足、释义，反而更好地让补足句与前后小句构成了强有力的“衔接纽带”（cohesion tie）。其模式表现为：

NP_1（Noun）……，（ ）……，……，NP_2（Pron）……，……

再有正反义衔接、主题义族关联问题：

（3）经济发展给一个国家带来了好处，可是另一方面也带来了不好的事儿。简单说环境污染可以造成人们得了名种各样的疾病。这是最可怕的事情，因为在短的时间可能没有影响，可是长期会慢慢地影响人们的身体。（留学生作业）

留学生没有很好地利用正反义来衔接词语，对主题的展开是平铺式的（经济：好处——不好的事；环境：短的时间——长期），主题关联词语有限，而母语使用者语篇是这样的：

（4）一个美国人形容他在中国第一次吃饭的感受，像听交响乐。上完冷盘，他以为这就是全部，他心想中国人块头小，饭量小是可以理解的。后来才知道这只是序曲。热菜一个个上，中间几个大盘子是重要的配角，可以理解为主旋律的几次变奏，最后大菜终于出场。他说中国菜和交响乐的区别在于，他无法准确预测高潮的到来。（《读者》2003 年第 9 期）

这里有“冷盘”与“热菜”的对应，也有“吃饭”和“交响乐”的比拟，词语的主题义族关联度高，纵横交错，构成立体网络，将各小句紧密衔接在一起，如图：

中国菜————→冷盘————→热菜————→大菜
↓　　　　　↓　　　　　↓　　　　　↓
交响乐————→序曲————→变奏————→主旋律（高潮）

通过如上方式的比对观察，描写出中介语语篇中词法运用上的倾向性问题，再分析出汉语语篇词语组织特征，为留学生写作与成段表达、中高级教材编写提供参考蓝本。

2.4.2　语篇中的句法项目应用问题

教学中发现，一些句法现象从单句扩大到语篇时会出现偏误。如“动词＋一下”，语法书释为短时、轻松义（刘月华，1983），教材中（如《桥梁》）释为“尝试、短时”，“看一下”、“讨论一下”等。教学中给出“动词＋一下”格式，据此反复操练，于是学生生成了如下的单句：

（5）我们进去坐一下吧。

完全正确，也被视为学生已经“掌握”了该语法点。然而，进入中高级后，当教师要学生将上述单句扩大到由多个关系小句构成的语篇时，便出现了：

（6）？电影快开演了，我们进去坐一下吧。

学生依据句法规则而生成的正确单句，放入语篇中后，便出现了意想不到的问题。语言是以交际为目的的，我们所教授的句法规则最终是要进入对话、进入语篇、与语境结合的，这也说明了“单句正确”与“进入语篇后依然正确”委实是两个不等值的问题。再来看母语使用者的用法：

（7）走得实在太累了，咱们去前边咖啡厅坐一下吧。

（8）这个沙发质量不错，你坐一下。

为什么例 7、例 8 可接受度高而例 6 不行呢？例 7 中“走”是一直进行的行为，为已知信息，而尾部的“累”处于述补的“补”位才是新提出的信息（田然，2012），符合“尾部焦点”（end focus）原则及小句线性推进中的增量原则（方梅，2005），在此“坐一下”为“短时休息”义。

例 8 中“沙发”是谈论的话题，后面“坐一下”的自然是“沙发”，而质量“不错”这个尾部焦点揭示了“坐一下”的尝试义。

再看例 6，话题是“电影”，新信息为“开演了”。电影是有时长的，此时用“坐一下”，若表短时义则与电影时长相矛盾；若为尝试义（试试影院椅子的质量）则与话题“电影”相矛盾，故而此处首发句限制了后续小句中“一下”的使用。学生正确小句的线性排列产生了语篇偏误，其模式为：

正确小句＋正确小句→中介语语篇

类似的问题还很多，如状中、述补结构的语篇对立（朱文文，2011）等，这些研究会加深学生对句法项目的理解，提高其句子进入语篇的正确率。

2.4.3　语篇中的句式使用问题

汉语中一些句式如受事话题句（NP_1+NP_2+VP 格式，受事提前成为话题）、"把"字句等，学生容易理解却不会恰当使用，因为不清楚该在哪种情境下进入语篇、如何与前面小句衔接，学生常这样用：

（9）今天上课老师给我们学习一篇课文，但是，我以前学过这篇课文了。（受事话题句为：这篇课文我以前学过了。）

（10）老　师：马克，作业你写了吗？

留学生：我写好作业了。（受事话题句为：作业我写好了啊。）

这两例，学生在按照"主＋动＋宾"规则排列小句，单句正确，但进入上下文情境中，感觉使用括号中的受事话题句更佳。来看下汉语语料的情况：

（11）因此，祥子的沉默与不合群，一变变成了贵人语迟；他应当这样，而他们理该赶着他去拉拢。"得了，祥子！说说，说说你怎么发的财？"这样的话祥子天天听到。（老舍《骆驼祥子》）

（12）鲁大海：哦，好，好，（切齿）你的手段我早就领教过，只要你能弄钱，你什么都做得出来。你叫警察杀了矿上许多工人，你还——

周朴园：你胡说！

鲁　妈：（至大海前）别说了，走吧。

鲁大海：哼，你的来历我都知道，你从前在哈尔滨包修江桥，故意叫江堤出险。（曹禺《雷雨》）

例 11“这样的话”替代前面的小句，采用受事提前更能与前面小句链紧密衔接，其衔接力优于同义的“祥子天天听到这样的话”，为优选句式；例 12“你的手段”、“你的来历”提前成为论述的话题，后续对其进行扩展（“只要你能弄钱……”与“你从前在哈尔滨……”），突出了听者对周朴园“不义”手段的关注。

而例 9、例 10 留学生未将“这篇课文”、“作业”提前，使用的是“次优选句式”，实际上削弱了与前面小句的衔接力、降低了话题凸显功能。可见，受事话题句式进入语篇时，附加了特殊的功能。学生在此的问题模式为：

正确小句 + 正确小句→正确小句 + 次优句式→中介语语篇

再有“把”字句式，已有学者（杨翼，2010）谈到目前教材中单句层面的转换练习缺乏实际价值（见例 13、14），应关注具体语篇中“把”的进入；也有学者（刘颂浩，2003）尝试在上下文、具体语境中设计“把”字句的选择练习（例 15）：

（13）写字台搬到窗户旁边去了——（学生转换成：把写字台搬到窗户旁边去）

（14）那块牌子挂到门上去了——（学生转换成：把那块牌子挂到门上去）

（15）爷爷喜欢唱歌，总是拿着歌本在那里哼歌，有时候还唱不好，就（A. 录下来唱的歌　B. 把唱的歌录下来）

“把”字句对外国学生很难习得，曾有学者从认知的角度解析（张旺熹，1999），得出了有启发的结论。若我们依循前人成果，继续从衔接连贯性、话题、焦点等入手面对“把”进入语篇的偏误，或许能有不同的发现——这便是“对外汉语教学语篇语法”要面对的问题。

自然，对外汉语教学语篇语法也应研究语篇对词语组织法、句法项目及句式进入的"制约机制"，涉及语篇形式制约、语义制约、功能制约、语体制约等，限于篇幅将另撰文讨论。

3. 小　结

本文做了以下几部分工作：

第一，在回顾语篇语法研究基础上，首次提出了"对外汉语教学语篇语法"这一新概念；

第二，对"对外汉语教学语篇语法"的理论基础、研究思路进行了论述，从学理与应用层面分析了其构建的必然性及必要性；

第三，对"对外汉语教学语篇语法"的主体内容进行了构建：语篇中的词语组织法、语篇对句法项目的制约、语篇对句式进入的制约等，并从语篇角度进行了例证剖析。

参考文献

陈　平，1987，汉语零形回指的话语分析，《中国语文》第5期。

陈　平，1987，话语分析说略，《外语教学与研究》第3期。

方　梅，2005，篇章语法与汉语篇章语法研究，《中国社会科学》第6期。

胡壮麟，1994，《语篇的衔接与连贯》，上海：上海外语教育出版社。

黄国文，2006，语篇分析与话语分析，《外语与外语教学》第10期。

姜望琪，2006，从句子语法到篇章语法，《中国外语》第1期。

廖秋忠，1992，《廖秋忠文集》，北京：北京语言学院出版社。

刘颂浩，2003，"把"字句练习设计中的语境问题，《汉语学习》第4期。

屈承熹，2006，《汉语篇章语法》，北京：北京语言大学出版社。

施　旭，1989，冯·戴伊克的话语理论及其最新发展，《外国语》第 6 期。
田　然，2001，语篇对留学生句式选择使用的制约简析，《海外华文教育》第 3 期。
田　然，2005，近二十年汉语语篇研究述评，《汉语学习》第 1 期。
田　然，2012，语篇对状中 / 述补结构选用的制约，《云南师范大学学报》（对外汉语教学与研究版）第 2 期。
吴贻翼，2003，《现代俄语语篇语法学》，北京：商务印书馆。
徐赳赳，1995，话语分析二十年《外语教学与研究》第 1 期。
徐赳赳，2010，《现代汉语篇章语言学》，北京：商务印书馆。
杨　翼，2010，对外汉语教材练习的有效性研究，《语言教学与研究》第 1 期。
张安律，2008，《英语语篇语法概论》，北京：电子科技大学出版社。
张德禄，2001，衔接力与语篇连贯的程度，《外语与外语教学》第 1 期。
张旺熹，1999，《汉语特殊句法的语义研究》，北京：北京语言大学出版社。
郑贵友，2002，《汉语篇章语言学》北京：外文出版社。
朱文文，2011，状补话语功能的对立及其对形容词的语序选择，《语言教学与研究》第 1 期。
van Dijk, T. A. 1972. *Some Aspects of Text Grammars*. The Hague: Mouton.

后　记

入行从事对外汉语教学转瞬已二十余年，记得在复旦大学中文系汉语言专业求学时，曾特别喜欢激扬睿智的陈思和、许子东老师的文学课，对语言学多有疏离。于是班主任陆丙甫老师请来前辈胡裕树先生，跟我们聊语言科学的魅力，聊未来的发展方向。后来范晓老师给我们开设了“现代汉语语法研究专题”，游汝杰老师开设了“方言地理学”，还有其他几位教授如美国薛凤生先生的语言学课程与讲座，让我们几位懵懂青年茅塞顿开，开始觉得语言学这里藏着许多有趣的秘密。

毕业来北京语言大学从事对外汉语教学工作后，便开始零距离接触词汇、语法等问题了，老师们当初的启蒙与教育，转化为对教学疑难问题的动手研究。因多教高年级，故更关注成段表达、语篇方向，偶有所得。然毕竟理论基础薄弱，遂攻读硕士，师从郑贵友教授在语篇方向开始了研究，形成的硕士论文奠定了本书写作的基础。从郑老师那里，我学到了如何系统写作，悟到如何多角度挖掘。之后继续在这块土地耕作，所带的十余位研究生，硕士论文也大都是语篇语法方向，同时深刻体会到了“教学相长”——我必须不断向前跑。

在北语速成学院期间，赵金铭教授对青年教师关爱有加，很鼓励我们在自己感兴趣的领域挖掘探寻。在这个教育部项目中，由于"对外汉语教学语篇语法"这一概念由本人提出，惴惴然，与赵先生探讨。赵先生从学理与应用、前沿发展等层面给了我诸多肯定，让我更快马加鞭、不畏困难地做下去。

北语速成学院领导考虑我教学任务繁重，便同意我去张博教授的对外汉语研究中心驻所做项目。张博教授非常欢迎并给我诸多关心与鼓励，让我把握好研究方向，深入地做，其学品与人品令人钦佩。在中心期间，与诸多优秀教授有了更密切的交流，让我了解了更多的学术信息与动态。驻所期间参加了许多国际会议，也开阔了视野，结识了更多的前辈与朋友，可以说让我受益匪浅。

我的研究生王丹等为语料搜集、文稿整理做了许多工作，对他们的无私帮助我心存感激。

语篇领域的探寻使我发现，其实这里广袤无边、别有洞天，我只发现了一点点，前方的学术天地依旧在吸引我披荆斩棘，我将乐此不疲。

田然

2013 年 5 月 25 日